JN082047

4歳・5歳・6歳

小学校の勉強ができる子になる問題集 やさしめ

チクタックンとスイーツめぐりのたび

青木みのり

実務教育出版

こんにちは。この問題集を手に取ってくださり、ありがとうございます。

私は青木みのりと申します。幼稚園・小学校受験の専門家として「子どもの思考力、好奇心、表現力を育てる」ことをモットーに、東京で幼児教室の校長をしています。これまでにおよそ15年間、小さなベビーとママ＆パパを対象にした親子講座から現在の受験指導まで、のべ３万人ほどの親子に指導してきました。

教室では、０～３歳児の保護者から「夜泣き、便秘、離乳食、人見知り、トイレトレーニング」など、発達や生活習慣についてのご相談を多く伺ってきました。ところが４～５歳くらいになると、「子どもに勉強をさせたいが、何をどのようにやらせたらよいかわからない」というご相談も増えてきます。

ひらがなや数字のドリルに取り組もうとしても「集中力が続かず飽きてしまう」とか「嫌がってなかなか進まない」というお悩みもしばしばありました。

就学前の子どもが、文字の書き取りや数字を使った計算問題にコツコツと取り組むことも能力を育てるための一つの方法ですが、私は幼児期にこそ「遊びや生活体験からの‘楽しい学び’」をたくさんしてほしいと考えています。

子どもが興味を持って楽しく学びに取り組むことこそ、好奇心や探究心の原動力となり、のちの学力の土台となると思うからです。

これからの社会で求められるのは、自分の頭で考え、膨大な情報を整理し、自分の言葉で表現でき、さらにまわりの人と協働しながら問題を解決する力です。社会や時代の流れに沿って、大学入試などで重視されている内容も、より一層「考える力（思考力）」を問われる問題へと変化してきているようです。

この問題集は、お子さんが小学校入学前に身につけたい「考える力（思考力）」を育てるためにつくりました。お子さんが楽しく取り組みながら考える力の基盤を整えられるよう、絵本の物語のような問題集です。ひらがな書きや、数字を使った計算問題などは出てきません。

お子さんが楽しく好奇心を持って取り組め、ワクワク考える力が育つこと。本書のねらいはそこにあります。

本書のねらい

幼稚園や保育園あるいはご家庭での日々の生活で、遊びや生活体験から楽しく学ぶ機会はたくさんあります。

たとえば、水遊びをしながら水の量の見え方に疑問を持つことや、風になびく草木を見て風向きを体感することも大切な気づきです。おやつのクッキーを同じ数だけ分け合うにはどうしたらいいかを考えたり、野菜を切って断面を観察したりすることなども大切な学びです。このように生活体験からの学びを通じて、子どもは考える力を身につけているのです。

また、積み木を積んで形を観察したり、図形パズルを組み立てたりなどの具体物を使った遊びも、子どもの考える力を大きく伸ばします。サイコロを使ったすごろくや、カルタやトランプ、おりがみを折ったり切ったりして遊ぶことも考える力を養う遊びです。

このようにして日常生活や遊びを通じて体験したことが、知識や知恵として身についているかどうかを測るとき、実は私の専門分野である国立大学附属小学校や有名私立小学校の入試問題が非常に役立ちます。そのため、この問題集は小学校受験に出てくるような問題も意識してつくられています。

小学校受験をしないお子さんにとっても、これらの問題にチャレンジすることは、考える力（思考力）を伸ばすためにとても有効だと考えています。そこで、小学校受験をする、しないに関わらず、これらの問題に楽しく取り組んでもらうにはどうしたらよいか知恵をしぼりました。

本書では、主人公であるお子さんが物語の中に入り込み、おいしそうなお菓子やお料理のたくさん出てくる世界を巡りながら、楽しく問題を解いていけるようにつくられています。絵本を読むような感覚で最後まで飽きずに取り組むことができ、さらに、お子さんが一人でも解きやすいようにやさしめの問題を多く入れました。

物語には個性豊かなキャラクターが登場します。お子さんは一つずつ問題を解決し、金貨シールを手に入れながらお祭りの日の物語の世界の中を楽しく進みます。

脳や体の発達が著しい幼児期に、この問題集を親子で楽しみながら、日常での遊びや生活体験から学んだことを考える力（思考力）へと高められるように願っています。

青木みのり

本書で身につく力

この問題集は、以下の7つの分野を通じて、お子さんが考える力を身につけられるようにつくられています。

------- 思考力を身につける **7つの分野** -------

❶ 数量

数を認識し、正しく数える練習から始めます。大小の判断や数の操作（たし算やひき算、わり算など）を行い、数の概念を身につけます。

❷ 知覚

絵と記号の対応や間違い探しなどを通じて、注意深く集中して見る練習をします。視覚的な情報を頭の中で整理し、判断する力を身につけます。

❸ 推理

問題文や絵から手がかりを見つけ、答えを考え出す単元です。ものごとの法則や規則性を理解し、推測する力を身につけます。

❹ 図形

いろいろな形に慣れ親しみ、形の合成や分割、また上下左右の感覚をともなったイメージもできるような力を身につけます。

❺ 言語

ものの名前を正しく覚え、語彙数を増やすことを目的としています。日本語を正しく扱えるよう言語力を身につけます。

❻ 常識

生物、自然科学、化学などの理科的分野、および身の回りのことやマナーなど社会的分野への関心を育て、常識を身につけます。

❼ 記憶

集中してお話を聞き、その情景を頭の中で想像する力を身につけます。また、見て覚えた視覚的な情報を頭の中で再現する練習を通じて記憶力も養います。

ちゃんの たびの きろく

～もんだいが できたら きんかシールを はろう～

チョコレートワゴン

ケーキこうじょう

アイスクリームやま

ビスケットキッチン

1 2 3 4 5 6 7 8 9 10 11 12 13 14 15 16 17 18 19 20 21 22 23 24 25 26

スープの どうくつ

カレーライスの おみせ

フルーツのうえん

5

本書の使い方

用意するもの

・本書
・エンピツ（芯の柔らかい子ども用エンピツをお勧めします）
・保護者用の「別冊解答・解説」

 1 この本は、主人公がおいしいお菓子や料理の世界を巡る物語に沿って進みます。問題は7分野それぞれが7問ずつで構成されており、全部で49問あります。

 2 ストーリーを楽しむためにも、問題は1番から順を追って取り組みましょう。

 3 まずストーリーの部分（見開きの左ページ）は、絵本を読むように、お子さんと楽しく読んでください。

 4 問題（見開きの右ページ）に取り組むときは、お子さんが出題の意図を理解しやすいように、別冊の解説ページに掲載されている「読み方のコツ」に目を通してから問題を読みましょう。

 5 別冊の「解説」には、出題のねらいや解き方のアドバイスが載っています。問題によっては解説動画も公開していますので、ぜひアクセスしてみてください。なお、★印の付いている問題はちょっと難しいチャレンジ問題です。

 6 お子さんが正解できたら、4、5ページの地図の該当問題番号のところに金貨シールを貼りましょう。1つの章が終わったら、大きい金貨シールを貼りましょう。

 7 もしお子さんが問題を間違えてしまったときは、保護者用の解説を参考にお子さんに解き方の助言をしてください。お子さんが再度チャレンジして見事に問題が正解できたら、金貨シールを貼りましょう。

第1章
チョコレートワゴン (数量)

❶ チョコレートを数えよう
(計数)

[問題]
チョコレートを数えてその数だけ枠のなかに○を書きましょう。

[読み方のコツ]
問題は早口にならず、文節で区切りながらゆっくり読んでください。また、耳からの情報だけではなく目からも問題を理解できるように、「チョコレートをかぞえて」のところで右ページにある問題のチョコレートの絵を指示し、「その かずだけ わくの なかに」のところで解答欄の枠を示すとよいでしょう。

[解説]
数の概念を身につける問題です。数えるときは、チョコレートに「・(点)」の印をつけながら重複して数えないようにします。枠に対する丸印の大きさは、点線のガイドを参考にしてください。お子さんが「○」を書くときには「下から書き始めて、○の始まりと終わりを合わせて閉じようね」と伝えるとよいでしょう。形の似ている数字の「0」は上から書き始めます。○と0を区別するためにも書き方の違いを覚えておくとよいでしょう。

❷ チョコレートの注文用紙
(同数発見)

[問題]
チョコレートの数と同じだけ●がかいてある紙に○を付けましょう。

[読み方のコツ]
「チョコレートの かずと おなじだけ」のところで、右ページの問題のチョコレートの絵を指で示し、「●が かいて ある かみに」のところで、注文用紙の絵を指で示しましょう。

[解説]
ゆっくりでもよいので、1つ1つに「・(点)」を付けながら数えるようにしましょう。慣れてくるとパッと見て数をとらえられるようになります。

❸ チョコレートと金貨
(立方体の数)

[問題]
チョコレートと金貨の数が合うものを線で結びましょう。

[読み方のコツ]
「チョコレートと」のところで、❶～❹のキューブ型チョコレートの絵を指で示します。「きんかの かずが」のところで、同じように上から下まで4つ並んだ金貨の絵を指で示します。

[解説]
キューブ型チョコレート（立方体）を

15

A 読み方のコツ
発問するときのヒントです。

B 解説
出題のねらい・解き方など。

C 問題
読み方のコツをつかんで読みあげてください。

問題の単元です。

お子さんの名前を入れて読んでください。

左ページのストーリーは楽しく読みましょう。

❶ チョコレートを かぞえよう (計数)

……ちゃんが そとに でると チョコレートと……をつけた チョコロンさんが いました。

きょうは いそがしいぞ！
……ちゃん！
きんかを あげるから チョコレートを かぞえて くれるかな？

12

もんだい
チョコレートを かぞえて その かずだけ わくの なかに ○を かきましょう。

❶

❷

❸

❹

とうじょう じんぶつ

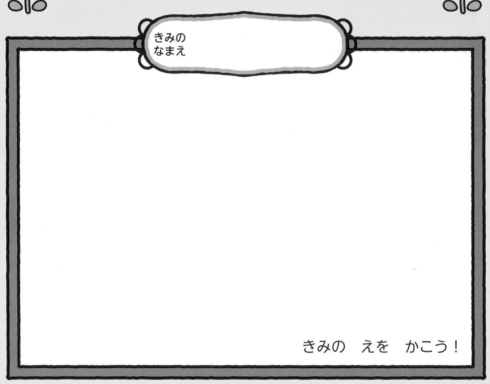

きみの
なまえ

きみの えを かこう!

この おはなしの しゅじんこう。きみの ことだよ。

むらの ようせいたち
きみと なかよしの おともだち

チョコロンさん

チョコレートを たっぷり
のせた ワゴンで
チョコレートを うりに
くる おじさん

チョコロンさんの
おくさん

おうちで まいにち
チョコレートを
つくって いるよ

クーヘンさん

ケーキづくりの
めいじん。こうじょうで
はたらく ようせいたちの
あこがれの ひと

おかあさん

きみの おかあさん

おばあちゃん

きみの おばあちゃん

モエールン

パチパチと もえる
ほのおの せいれい

チクタックン

じかんの せいれい。
じかんを すすめたり
もどしたり できる

バラキング

かたちを バラバラに
するのが だいすき。
ちょっと おこりんぼうな
せいれい

カレーやの ルーさん

むらの カレーやさん。
うたが だいすき

コマツンナ

こまつなの せいれい

トマトマーナ

トマトの せいれい

レッド

のうえんで はたらく
トラクター。
おきゃくさんを のせて
のうえんを あんないして
くれる

ドリアンヌ

なんごくの フルーツ
ドリアンの せいれい

も く じ

チョコレートワゴン
ちょこれえとわごん

（数量）

　むかしむかし、ここは ヨーロッパの とある
むら。ひとびとは ようせいたちと なかよく
くらして いました。きょうは ねんに いちどの
むらの おまつりの ひ。おかしや おりょうりの
じゅんびで みんな おおいそがしです。

1 チョコレートを かぞえよう 〔計数〕

あまい かおりに さそわれて ＿＿＿＿＿ちゃんが
そとに でると チョコレートの ワゴンを ひいた
チョコロンさんが いいました。

> きょうは いそがしいぞ！
> ＿＿＿＿＿ ちゃん！
> きんかを あげるから チョコレートを かぞえて
> くれるかな？

もんだい

チョコレートを かぞえて その かずだけ わくの なかに ○を かきましょう。

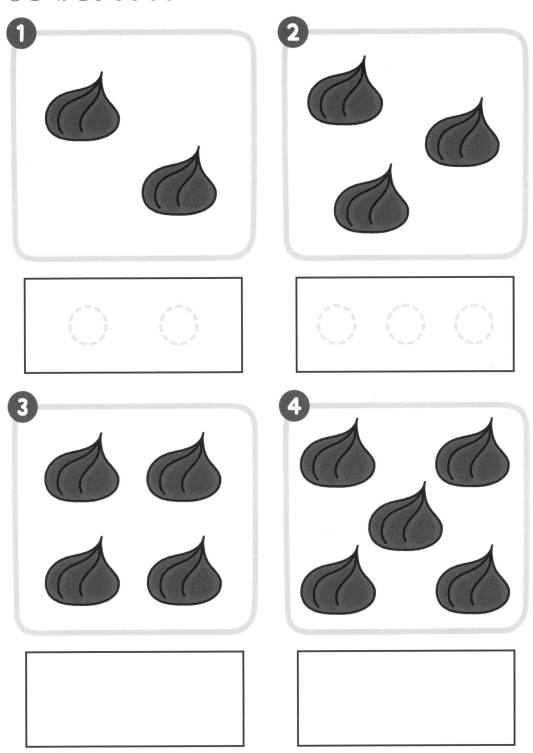

2 チョコレートの ちゅうもんようし 同数発見

チョコレートの かおりに ようせいたちも あつまって きました。

もんだい

チョコレート(ちょこれえと)の かずと おなじだけ ●が かいて ある
かみに ○を つけましょう。

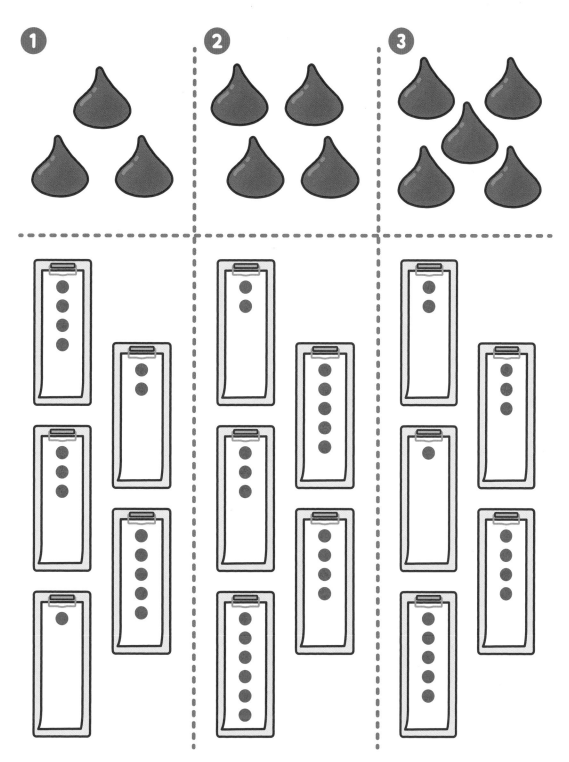

3 チョコレートと きんか 立方体の数

ようせいたちは たのしそうに チョコレートを
えらんで います。

この チョコレートは 1つ いくらですか？

チョコレート 1つは きんか 1まいで かえるよ。

16

もんだい

チョコレートと きんかの かずが あう ものを せんで むすびましょう。

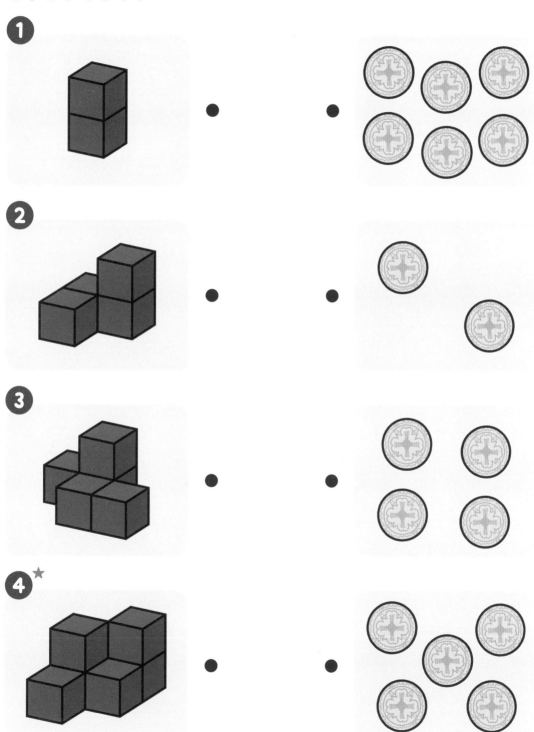

①

②

③

④ ★

ちゃんも
おてつだいの あとに どんな チョコレートを
たべようか わくわくして いました。

もんだい

　ようせいは　あわせて　いくつ　チョコレートを
かいましたか。わくの　なかに　○を　かきましょう。

1

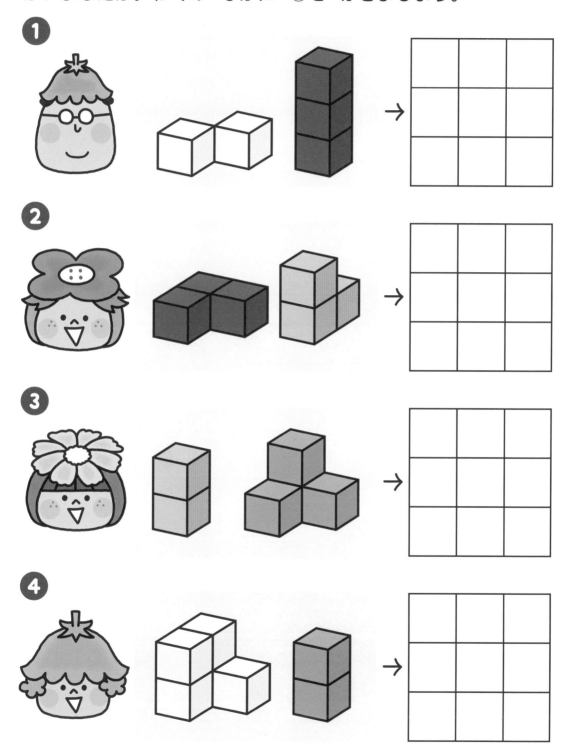

2

3

4

5 チョコレートは いくつ たりない？

足りない数

こまったな……チョコレートが たりなく なって きたぞ。　　　　　　　　　　ちゃん、ぼくの いえに いる おくさんに たりない かずを いそいで つたえて くれるかな？ あたらしく チョコレートを つくって もらわなきゃ！

もんだい

ひとり 1つずつ チョコレート(ちょこれえと)を かうとしたら たりない チョコレート(ちょこれえと)の かずだけ わくの なかに ○を かきましょう。

①

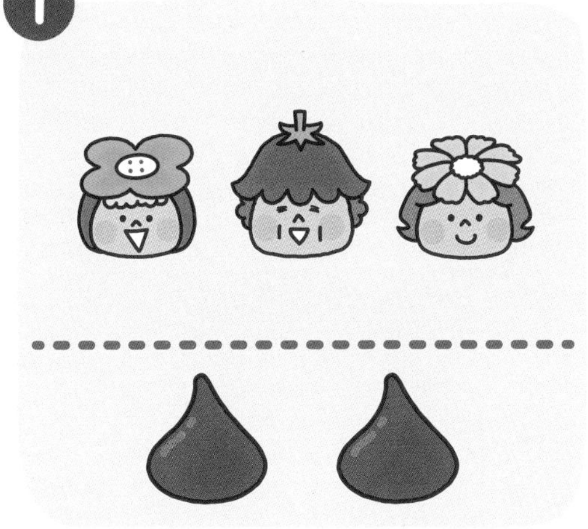

②

③

④

⑥ チョコレートは いくつ できる？

　　　　　　　　ちゃんは チョコロンさんの いえに
はしりました。ちょうど いえでは おくさんが きんか
チョコレートを つくって いる ところでした。

> カカオの み 1つから
> チョコレートが 2つ できるのよ。

もんだい

えを みて チョコレートが いくつ できるか、わくの なかに ○を かきましょう。

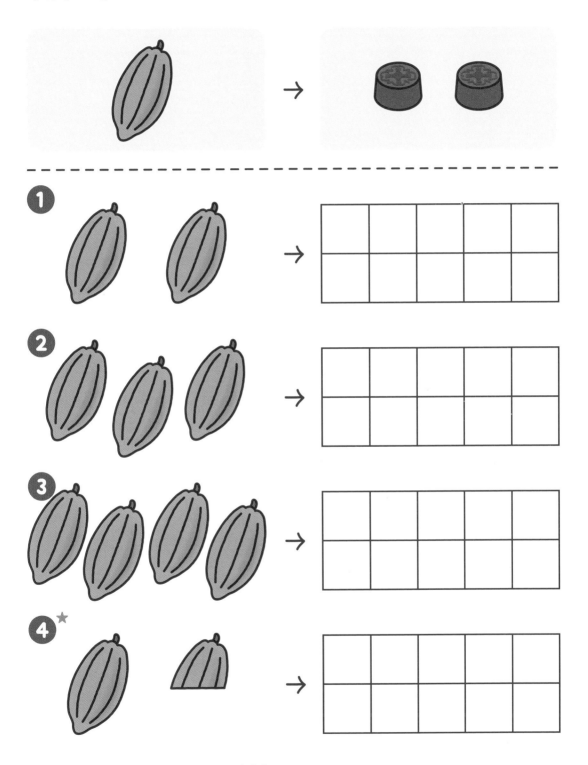

① →

② →

③ →

④ ★ →

　　　　　　　　　ちゃんは　あたらしい　チョコレートを
もって　いそいで　ワゴンに　もどりました。チョコロンさんは
　　　　　　　ちゃんに　おれいを　いうと……

きょうは　おまつり！　みんなに
きんかチョコレートを　プレゼントするよ！

24

もんだい

ようせいたちに チョコレート（ちょこれえと）を おなじ かずずつ あげると ひとり なんこに なるか、わくの なかに ○を かきましょう。

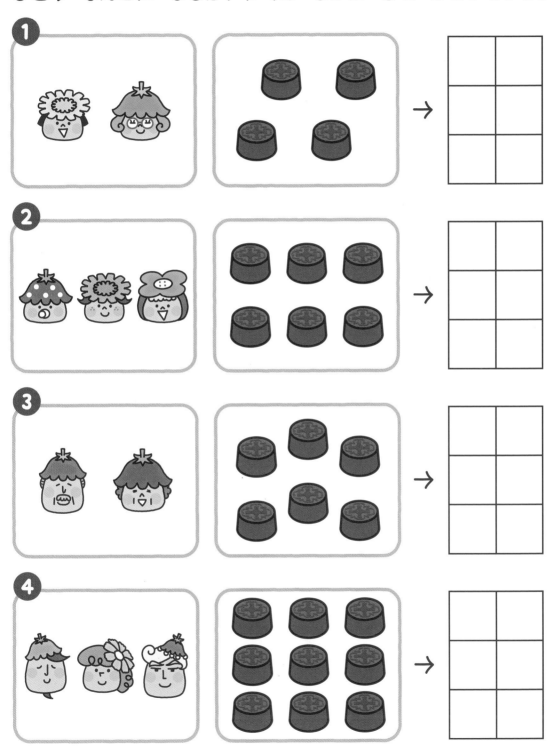

　　　　　　　　ちゃんは、たくさん　はたらいたので
チョコロンさんから　おおきな　きんかを　もらいました。
そして　ごほうびに　おおきな　チョコレートも　もらいました。

26

ケーキこうじょう
（知覚）

　　　　　　　　　　ちゃんが チョコレートを
たべようと すると チョコロンさんの おくさんが
おおきな ふくろを もって やって きました。

> ケーキこうじょうから たくさん
> チョコレートの ちゅうもんが
> はいったの！ これを とどけて
> くれたら うれしいわ！

　　　　　　　　ちゃんは ケーキこうじょうに
チョコレートを とどける ことに しました。

8 ケーキの マーク 置き換え

けえき　まあく

こうじょうでは　たくさんの　ようせいたちが
たのしそうに　はたらいて　います。ケーキには　それぞれ
マークが　ついて　います。

やあ！　　　　　　　　　　ちゃん。
ケーキの　マークを　ただしく　つけられたら
ごほうびに　きんかが　でて　くるよ。

もんだい

ケーキの マーク(けえき)を おぼえて わくの なかに かきましょう。
うえの だんから じゅんばんに かきましょう。

9 おいしい ケーキを つくろう

同形発見

きょうは おまつりで いつもより たくさん
ケーキを つくって いるんだ。こうじょうちょうの
クーヘンさんが つくるような おいしい ケーキに
するには ざいりょうや どうぐを えらぶ
ことが たいせつなんだ。

もんだい

ひだりの えと おなじ ものを みぎの えの なかから
1つ さがして ○を つけましょう。

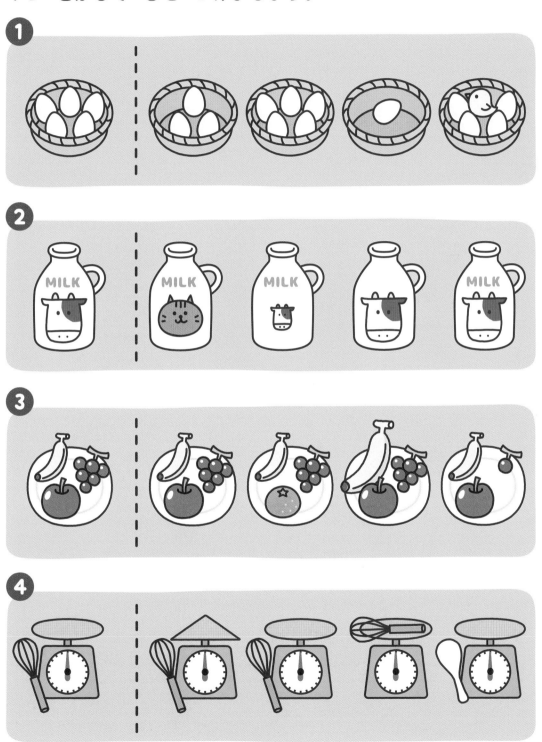

🍎 10 ケーキを かこう 模写

◯◯ちゃんも ケーキを つくって みるかい？ さいしょは おてほんどおりに つくるのが たいせつなんだ。 きれいに つくれたら きんかが でて くるよ。

もんだい

ひだりの おてほんを みて 2かい おなじように
かきましょう。

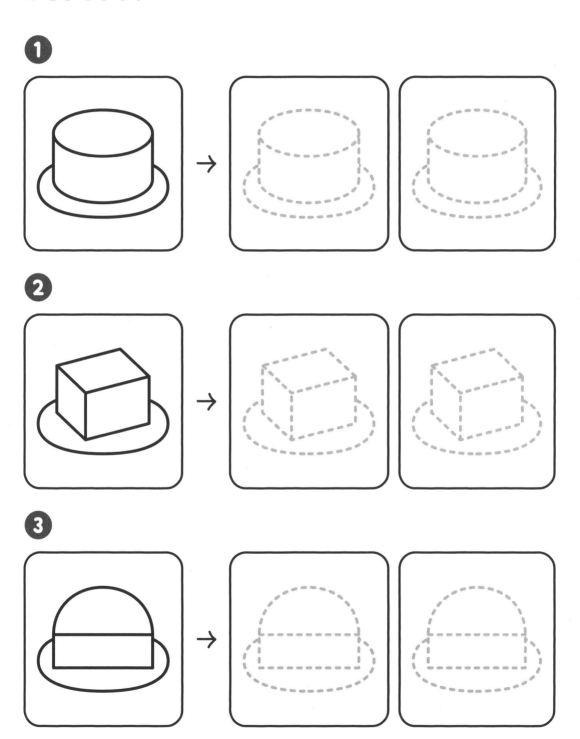

ちがう ケーキは どれ？ 異形発見

クーヘンさんは みんなの あこがれなんだ。
ぼくたちは いっしょうけんめい ケーキを
つくって いるけど クーヘンさんと おなじ
ケーキが つくれるように なるには なんねんも
しゅぎょうが ひつようなんだよ。

もんだい

ひだりの えと ちがう ものを みぎの えの なかから
1つ さがして ×を つけましょう。

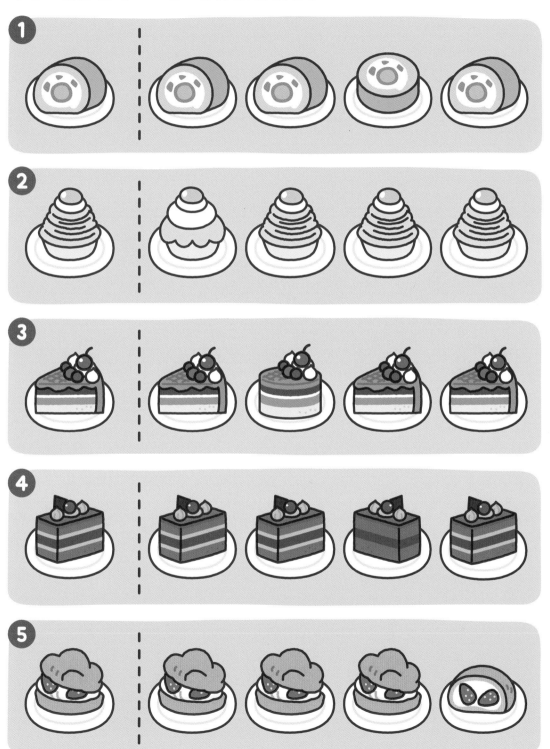

12 クーヘンさんを さがせ 迷路

どうがかいせつ

12 クーヘンさんを さがせ 迷路

ちゃんと
ようせいたちは クーヘンさんを
たずねて いく ことに しました。

もんだい*

めいろを とおって クーヘン(くうへん)さんを さがしに
いきましょう。

13 10じの おやつ 間違い探し

　　　　　　　　　ちゃん、チョコレートを
ありがとう！　いま　10じの　ティータイムよ。
いっしょに　おちゃを　のみましょう。

　　　　　　　　　ちゃんたちは
クーヘンさんと　おちゃを　のむ
ことに　しました。

もんだい

うえと　したの　えを　くらべて　ちがう　ところに　4つ　×を　つけましょう。×は　したの　えに　つけましょう。

14 ベルトコンベアを たどって 系列

さあ！ おまつりの ために
とびきり おいしい ケーキを
つくらなきゃ。

　　　　　　　　　　　ちゃん、またね。

ベルトコンベアに
そって すすむと
でぐちに でるよ！

　　　　　　　　　ちゃんは
でぐちを めざす ことに
しました。

もんだい

いろいろな かたちが おなじ じゅんばんに きそくただしく
ならんで います。あいて いる わくに かたちを かきましょう。

　　　　　　　　　　ちゃんが　こうじょうの　でぐちに　きた
とき　クーヘンさんが　おいかけて　きました。

　　　　　　　　　　ちゃん！
わすれものよ！

　　　　　クーヘンさんは
　　　　　　　　　　　　　ちゃんの　てに　おおきな
きんかを　にぎらせて　くれました。

ビスケットキッチン
（推理）

こうじょうから おうちに もどった
　　　　　　　　ちゃん。おかあさんが ビスケットを
やく じゅんびを して いました。

> きょうは おまつりだから
> むらの ようせいさんたちにも
> たくさん わけて あげましょうね。

　あ！ とけいの うしろから じかんの せいれい
チクタックンが こっそり のぞいて いますよ。

15 ざいりょうが できるまで 順序

もんだい

じかんが たつ じゅんばんが あって いる ものに ○、
まちがって いる ものに ×を かきましょう。

1

2

3

4

チクタックン！

＿＿＿＿＿＿＿ ちゃんと

おてつだい よろしくね。まずは
どうぐを そろえましょう。

もんだい

いろいろな ものの ながさを くらべました。いちばん ながい ものに ○を つけましょう。

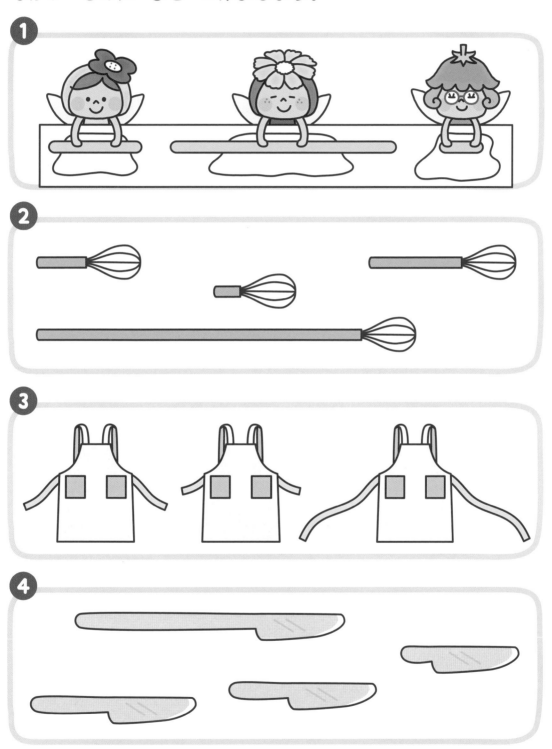

1

2

3

4

ミルクの りょうくらべ 量の比較

こむぎこに ミルクを いれて まぜましょう。
きょうは たくさん ビスケットを やくから
ミルクも たくさん いれなきゃね。

もんだい

ミルクが いちばん おおく はいって いる いれものに
○を つけましょう。

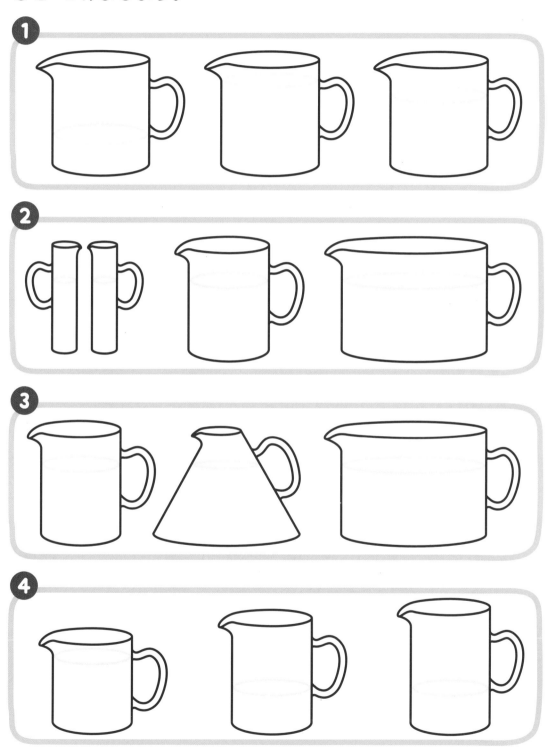

18 フルーツビスケットを つくろう

重さの比較

これは みずみずしい フルーツよ。チクタックンに
じかんを すすめて もらって ドライフルーツに
しましょう。ビスケットに いれると おいしいわよ。
さあ、フルーツの おもさを はかりましょうね。

50

もんだい

てんびんに のせた フルーツの なかで いちばん おもい
フルーツに ○を つけましょう。

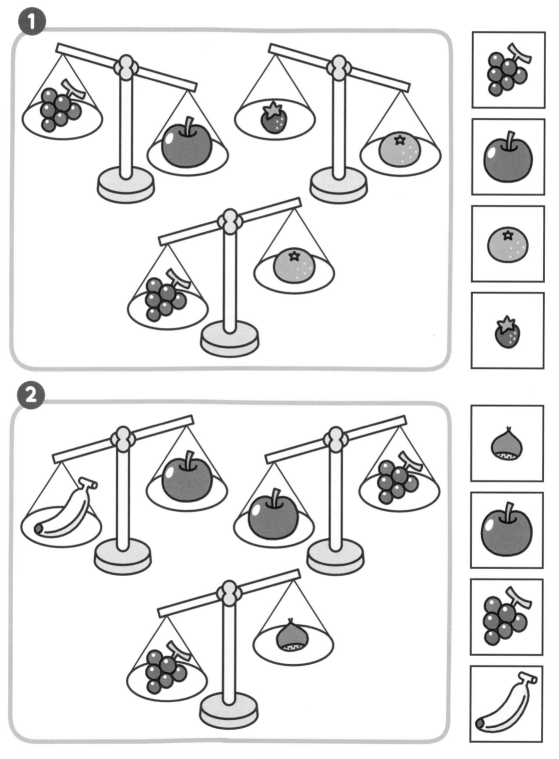

チクタックンから みると

上からの見え方

チクタックンが じかんを すすめたので しんせんな
フルーツは みるみる ドライフルーツに なりました。

さあ、ビスケットに
いれますよ。

チクタックンは うえから その ようすを みて います。

もんだい

まうえに いる チクタックン（ちくたっくん）から いろんな ものを みると どう みえるか、せんで むすびましょう。

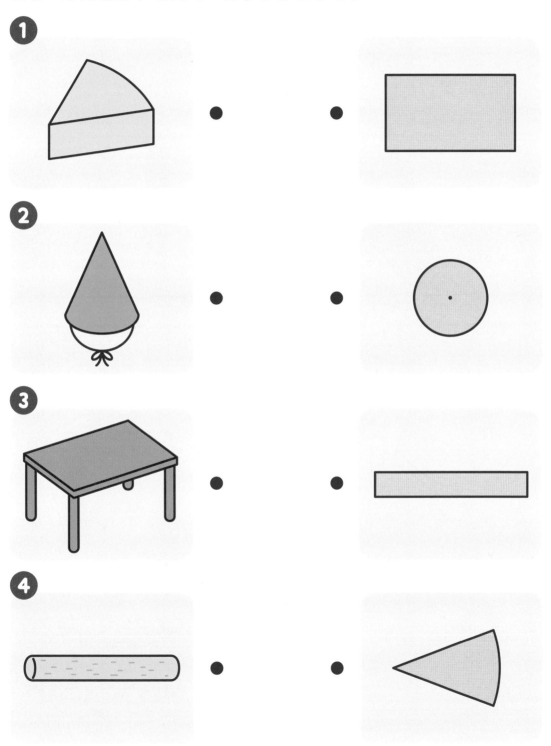

20 ビスケットが やけたよ 同形発見

オーブンから いい においが して おいしそうな
ビスケットが やけました。ビスケットには いろんな
かたちが ありました。

もんだい

ひだりの ビスケット（びすけっと）と おなじ ものを みつけて ○を
つけましょう。

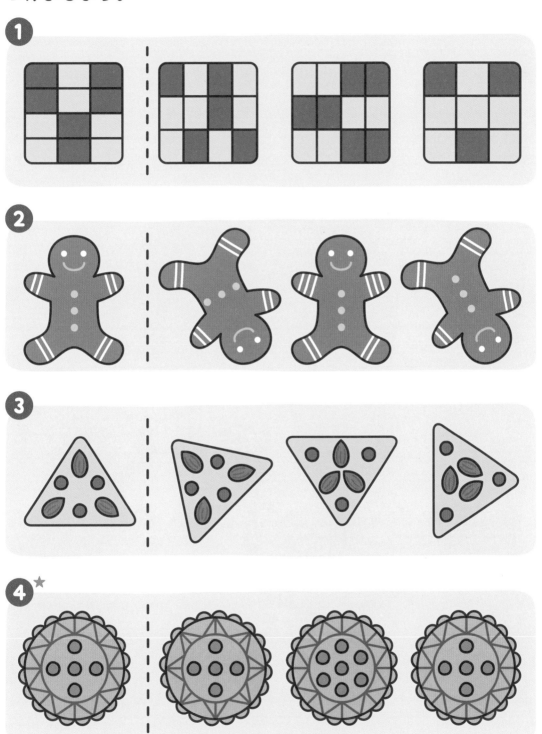

① ② ③ ④★

21 ビスケットバスケット 　四方観察

アイスクリームやまの　むこうに　すむ
おばあちゃんにも　ビスケットを　わけて　あげましょうね。
　　　　　　　　　ちゃん、チクタックンと　いっしょに
ビスケットを　とどけて　きて　くれる？

もんだい

おかあさんと チクタックン(ちくたっくん)が バスケット(ばすけっと)を みて います。
どう みえるか、ただしい ものに ○を つけましょう。

とちゅうの アイスクリームやまには
いじわるな せいれいが いるかも しれないわ。
きを つけて いくのよ。

おかあさんは
おおきな きんかを
　　　　　　　　　　ちゃんに
くれました。

　　　　　　　　ちゃんと チクタックンは
バスケットを もって おばあちゃんの
おうちを めざして しゅっぱつしました。

アイスクリームやま
（あ い す く り い む）

（図形）

なんだか
さむそうだなあ……

　　　　　　　　　　　　ちゃんは　おおきく　そびえたつ
アイスクリームやまを　みあげました。やまの
（あ い す く り い む）

ちょうじょうに　つづく　みちの　りょうがわには
アイスクリームの　おはなが　さいて　います。
（あ い す く り い む）

きゅうに　かぜが　つめたく　かんじられました。

22 こおりの けっしょう 同図形発見

　　　　　　　　　ちゃんが いっぽんみちを のぼると
チクタックンも ふわふわ とびながら ついて きました。ふと
きが つくと そらから つめたい ものが ふって きました。

もんだい

ひだりうえの　かたちと　おなじ　ものを　2つ　えらんで
○を　つけましょう。

1

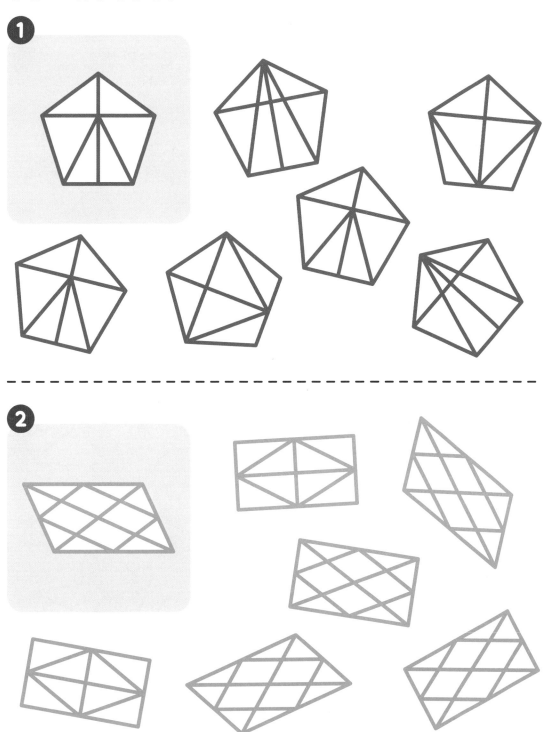

2

23 われた こおり 図形分割

⬜️⬜️⬜️⬜️ ちゃんが うつくしい こおりに
みとれて いた その ときです！ なんと こおりが
バラバラに われて しまいました。

もんだい

　ひだりの　かたちを　てんせんで　わけると　どんな　かたちに　なりますか。3つずつ　みつけて　○を　つけましょう。

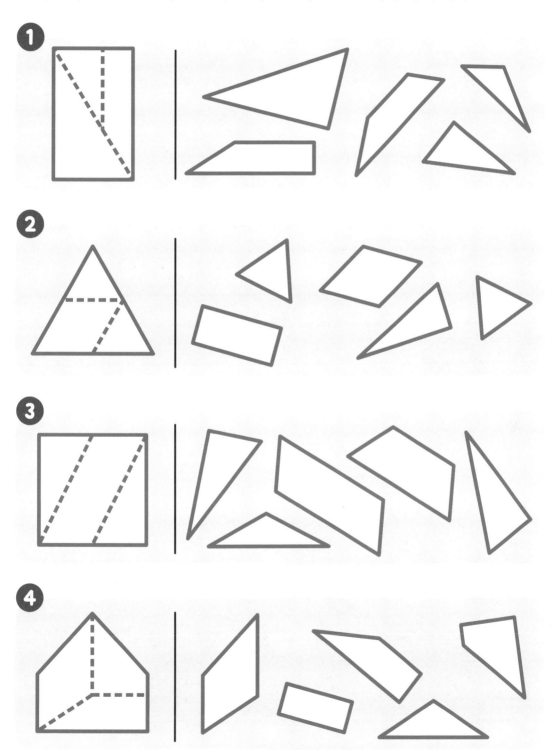

24 もとに もどそう 図形の合成

もんだい

いちばん　ひだりの　かたちに　するには　しかくの　なかの
かたちに　どれを　くみあわせたら　よいですか。みぎの
3つから　1つ　えらんで　○を　つけましょう。

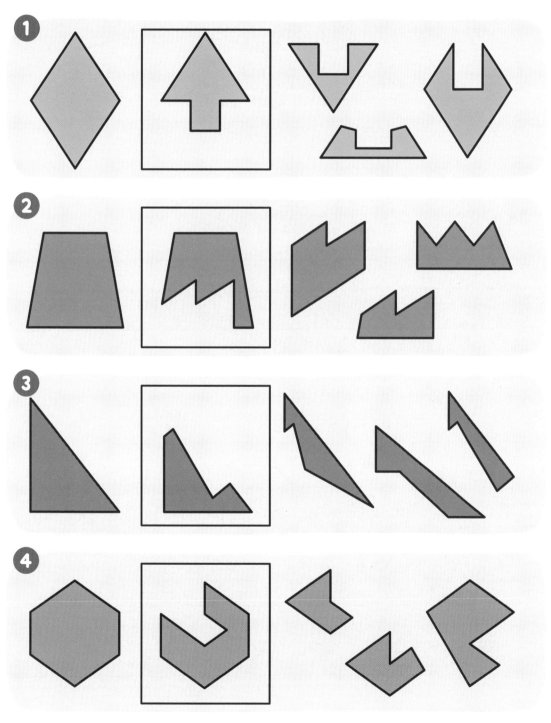

25 アイスクリームの かたち 立体図形

かたちを もとどおりに すると バラキングが しょんぼりと
いいました。

ぼくは
おこりんぼうだけど
ほんとうは おともだちが
ほしいんだ……。

みんなは なかなおりを して アイスクリームを いっしょに
たべました。

66

もんだい

うえの アイスクリームは どの かたちを くみあわせて できて いますか。 せんで むすびましょう。

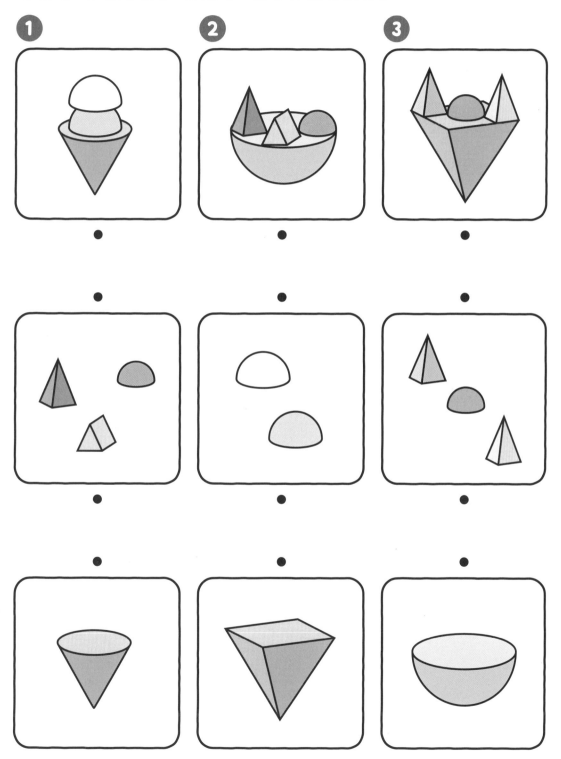

26 こおりに うつった けしき 鏡図形

アイスクリームを たべると みんなは また
あるきだしました。やまの ちょうじょうには カチコチに
こおった おおきな いけが ありました。

ねえ、みて！
こおりに けしきが
うつって いるよ。

もんだい

ひだりの えを こおりに うつすと どう みえますか。
ただしい ものに ○を つけましょう。

OK

OK

OK

OK

OK

OK

27 スケート くるくる 回転図形

どうがかいせつ

　　　　　　　　ちゃんは こおりの うえを すべって わたる ことに しました。こおりは とても よく すべります。　　　　　　　ちゃんは くるくると めが まわって しまいました。

70

もんだい

ひだりの えを やじるしの ほうに 1かい まわすと
どう なるか、えらんで ○を つけましょう。

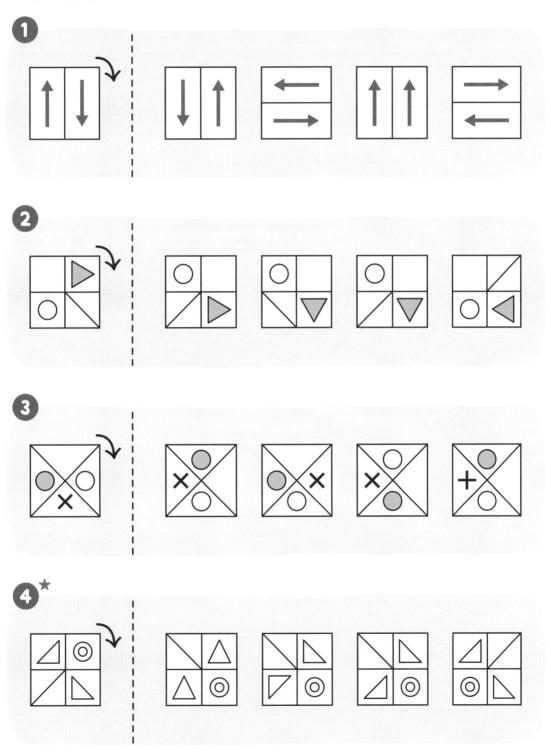

🍎28 やまの つらなり 重ね図形

　　　　　　　　ちゃんは　いきおいが　ついて
ちょうじょうから　ふもとを　めがけて　いっきに　すべりおりて
います。

わあ〜こわいけど
……たのしい！！

　　　ビュンビュンと　すぎる　けしきは　まるで　とおい
やまやまが　かさなって　いるかの　ようでした。

72

もんだい

ひだりの　2まいの　とうめいな　いたを　そのまま
かさねると　どう　なるか、1つ　えらんで　○を　つけましょう。

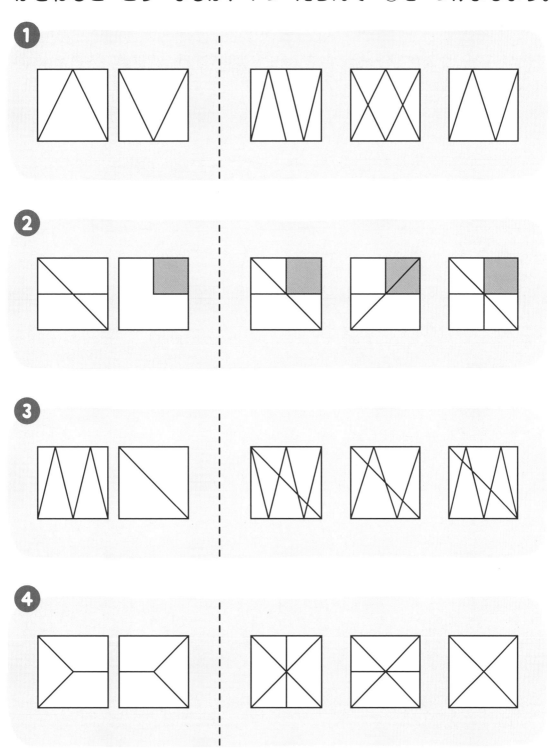

いっきに アイスクリームやまを すべりおりた

　　　　　　　ちゃん。やまの ふもとまで くると
おおきな きんかが でて きました。バラキングや
チクタックンとも どこかで はぐれて しまったようです。
おいしい ビスケットを とどけに だいすきな おばあちゃんの
うちを めざします。

74

スープの どうくつ

（言語）

　やまの ふもとの いわかべに ぽっかり どうくつが
あいて います。どうくつの なかは あたたかく
おいしそうな かおりが して います。おばあちゃんは
おりょうりが とくいで いつも スープを たくさん
つくっては むらの ひとびとや ようせいたちに
わけて あげて いました。

ミネストローネに はいって いる もの

なぞなぞ

[　　　　　　]ちゃんが どうくつに はいると グツグツ にえる ミネストローネスープの したから こえが しました。

ミネ ストロー ネ……
ストロー……

ほのおの せいれい モエールンです。

もんだい

うえの だんの えの なまえの なかに したの だんの えの なまえが はいって います。みつけて せんで むすびましょう。

30 コーンポタージュと タコ

逆さしりとり

つぎの へやでは なめらかな コーンポタージュが なべに
かかって いました。なべの したから こえが します。

コーンポタージュ、タコ。
タコ、コーンポタージュ。

もんだい

しりとりで　うえの　だんの　えの　まえに　くる　ものを
したの　だんから　みつけて　せんで　むすびましょう。

31 かぼちゃスープの はじまりと おわり

同頭語・同尾語

　　　　　　　ちゃんは はやく おばあちゃんに あいたくて つぎの へやへ すすみました。あまい かおりの かぼちゃスープを あたためて いる モエールンの こえが きこえて いました。

カギと かぼちゃ……
ランプと スープ……

もんだい❶

はじまりの おとが おなじ ものを せんで むすびましょう。

もんだい❷

おわりの おとが おなじ ものを せんで むすびましょう。

 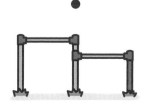  

32 ポトフの なかに 〔真ん中の音〕

つぎの へやでは やさいが たっぷり はいった ポトフが
ゆらゆらと ゆげを たてて いました。モエールンの こえが
きこえて きます。

ポトフ……ことり
……まんなかの
おと……

もんだい

ひだりの わくの えと まんなかの おとが おなじ えに
○を つけましょう。

33 ボルシチと コンソメの おと

音の数

　さらに おくの へやに はいると おおきな なべに
きんいろの コンソメと まっかな ボルシチが グツグツと
にえて いました。モエールンの こえが ひびきます。

もんだい

おとの かずが おなじ ことば どうしを せんで
むすびましょう。

🍎34 おばあちゃんの みそしる 日本の昔話

> まあ！
> [   ]ちゃん、
> よく きたね！

　おばあちゃんは おくの へやで
みそしるを つくって いました。
　[   ]ちゃんは ちいさい ころ
おばあちゃんの みそしるを のみながら
にほんの むかしばなしを きいた ことを
おもいだしました。

もんだい

　ひだりうえの　わくの　なかの　ものが　でて　くる　おはなしと　かんけいの　ない　もの　1つに　×を　つけましょう。

35 シチューと ビスケット 世界の昔話

おばあちゃん おいしい ビスケットを もって きたよ。

ありがとう！ この シチューと いっしょに おいしく いただくよ。

かぶや まめが はいって いる やさしい あじの シチューです。

もんだい

　ひだりうえの　わくの　なかの　ものが　でて　くる　おはなしと
かんけいの　ない　もの　1つに　×を　つけましょう。

おばあちゃんに ビスケットを わたした

　　　　　　　　ちゃんは ごほうびに おおきな きんかを
もらいました。ちょうど とおりかかった ばしゃに
のせて もらい むらへ もどる ことに しました。

カレーライスの
おみせ
（常識）

_____ ちゃんを ばしゃに のせて
くれたのは むらの カレーやの ルーさんです。

うちの カレーは
せかいいち〜！
ざいりょう たっぷり
しいれたぞ〜！ ばしゃは
はしるよ パッカパカ〜

ようきに うたを うたう ルーさんの ばしゃには
カレーの ざいりょうが たくさん つんで
ありました。

36 やさいを かごに いれよう

野菜の知識

　でこぼこみちを　ばしゃで　はしると　つんで　いた　やさいが
かごから　おちて　にだいの　うえで　ころがって　しまいました。

　　　　　　　　　　　ちゃん！
にだいの　うえの　やさいを　かごに
もどして　くれるかい？　おてつだいを
して　くれたら　きんかを　あげるよ。

もんだい ❶

つちの なかの くきや ねを たべる やさいと かごを
せんで むすびましょう。

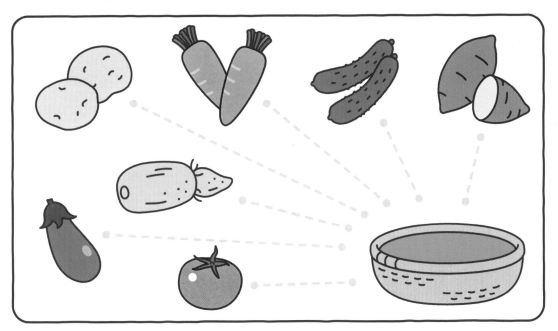

もんだい ❷

はを たべる やさいと かごを せんで むすびましょう。

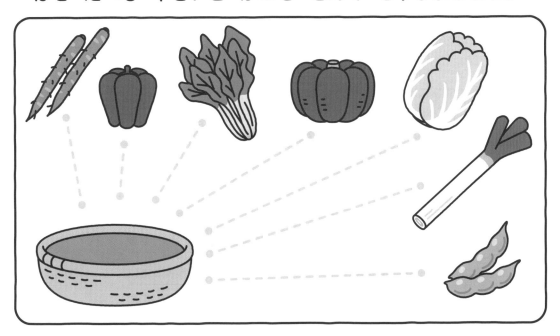

 いきものを おけに いれよう

　ばしゃは でこぼこみちを どんどん はしります。カーブに
さしかかると こんどは にだいに のって いた
いきものたちが おけから とびでて しまいました。

94

もんだい ❶

たまごから うまれる いきものと おけを せんで
むすびましょう。

もんだい ❷★

うみで くらす いきものと おけを せんで むすびましょう。

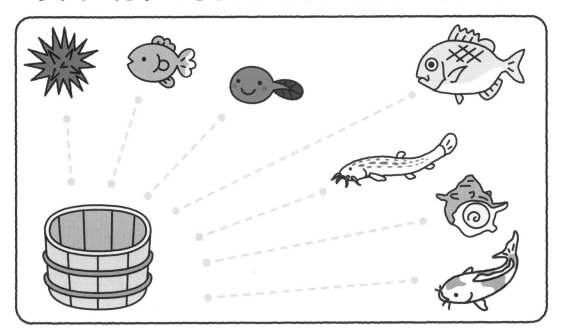

38 せいれいたちの かわいい おしゃべり

季節

　ばしゃが カレー（かれえ）やさんに つき、☐☐☐☐☐☐ ちゃんが やさいはこびの てつだいを して いると せいれいたちの こえが きこえました。

なつは あつくて
さいこう！
おどりたく なるわ！

ふゆは さむくて
さいこう！
うたいたく なるわ！

もんだい ❶

　なつの きせつの ものを　4つ　みつけて　○を
つけましょう。

もんだい ❷

　ふゆの きせつの ものを　4つ　みつけて　○を
つけましょう。

⑨ はたけの ゆうぐれ 影と風

トマトマーナと コマツンナの おしゃべりは とまりません。

わたしが とれた
はたけは きらきら あかい
ゆうひが きれいだったわ。

わたしが とれた はたけは
きりりと ひえた かぜが
ふいて いたわ。

もんだい❶

たいようの ひかりが あたった ときの ただしい かげに
○を つけましょう。

もんだい❷

やじるしの ほうに かぜが ふいた ときの ただしい えに
○を つけましょう。

40 おりょうりの どうぐたち 用途

　せいれいたちの おしゃべりを ききながら
ルー<ruby>さん<rt>るう</rt></ruby>と 　　　　　　　　　　ちゃんは やさいの かわを
むいて います。

かわを ムキムキ～！
やさい トントン～！
かわが むけたら やさいを きって
いためるよ～！

もんだい❶

やさいを きる ときに つかう もの 2つに ○を
つけましょう。

もんだい❷

やさいを いためる ときに つかう もの 2つに ○を
つけましょう。

41 おあじは いかが？ 濃度

なべに やさいを いれて グッグツ にこむと いい においが して きました。ルーさんは とびきり おいしい カレーの スパイスを なべに いれました。

ちゃん！
カレーの おあじは いかがかな～？

もんだい

なべに カレーの スパイス(かれえ)を いれます。どの なべの
カレー(かれえ)が いちばん こい あじに なるか、○を つけましょう。

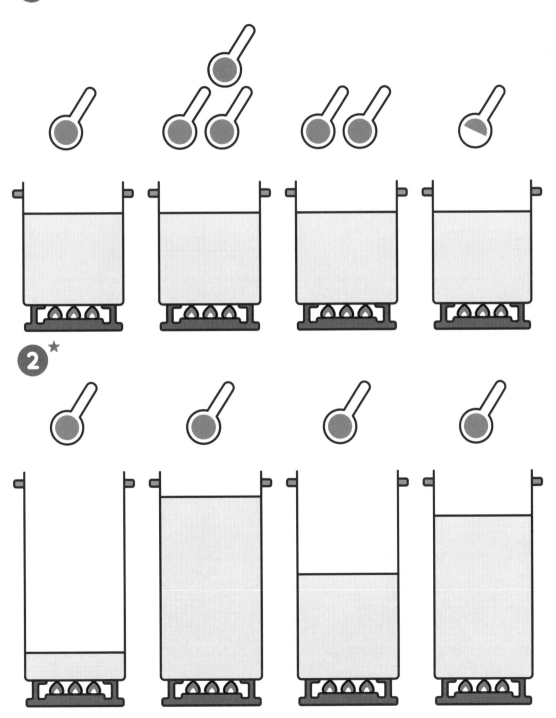

42 おぎょうぎの わるい こは だれ？

マナー

　さあ！　せかいいち　おいしい　カレーが　できました。
たくさん　おてつだいを　した　［　　　　　　　　］ちゃんも
おなかが　ペコペコです。ルーさんは　むらの　ようせいたちも
たくさん　よんで　きました。

みんな　たくさん
たべてね！

104

もんだい

　おぎょうぎの　わるい　たべかたを　して　いる　ようせいに
△を　つけましょう。5にん　みつけましょう。

おいしい　カレーを　たべた　　　　　　　　　　　ちゃんは
デザートに　フルーツも　たべたく　なりました。
ルーさんからは　おてつだいの　おれいに　おおきな　きんかを
もらいました。

フルーツのうえん

（記憶）

　　　　　　　　　　ちゃんは おうちに もどり
おかあさんと いっしょに フルーツのうえんに
いく ことに しました。おかあさんと おとずれた
のうえんの いりぐちには あかいろの ちいさな
トラクターが とまって いました。

43 のうえんにて 〔短文の記憶〕

> こんにちは！　ぼくは　トラクターの　レッドです。
> ここでは　せかいの　いろんな　フルーツが
> とれます。ぼくが　フルーツうりばの
> ちかくまで　おつれします。さあ、どうぞ！

　　　　　　　　ちゃんと　おかあさんは　レッドに
のりました。

問題 ❶　（109ページの❶を見せないで、ゆっくり問題を読みます）

　レッドは　　　　　ちゃんとお母さんを乗せて走りながら、元気に話しています。
「この農園では、どのフルーツもとても美味しいですよ。僕は特にバナナとぶどうが大好きです。」

問題 ❷　（109ページの❷を見せないで、ゆっくり問題を読みます）

　お母さんがレッドに尋ねました。「ここではジュースも売っていますか？」レッドは元気に「はい。売っています。りんごジュースとさくらんぼジュース、そして、ももジュースも人気です。」と言いました。

1 レッドが すきな くだものは なんですか。
○を つけましょう。

- -

2 にんきの ジュースは なんですか。
○を つけましょう。

ベリーは どこに？　位置の記憶

　ふたりは ゆっくり はしる レッドに のって のうえんの
ちずを みて いました。

もんだい

ひだりの ちずを よく みて おぼえましょう。

(15秒経ったら左の地図を隠します)

① ブルーベリーの きが あった ところに ○を つけましょう。

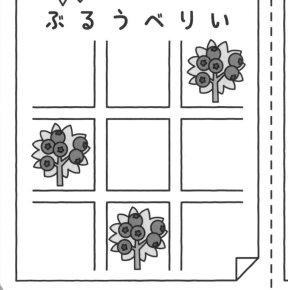
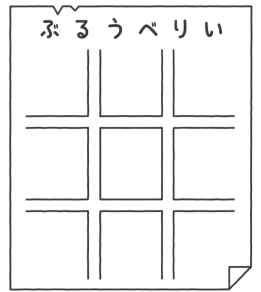

② ラズベリーの きが あった ところに ○を つけましょう。

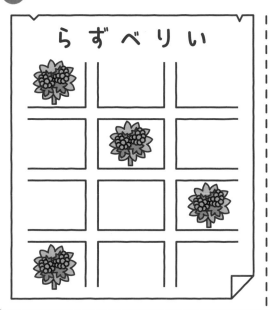
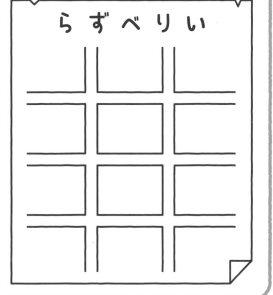

45 もも くり 3ねん かき 8ねん

かどを まがると かきの きが ありました。

フルーツは みのるまでに とても ながい
じかんが かかります。ももや くりは 3ねん。
かきは 8ねんも かかるようです。「もも くり
3ねん かき 8ねん」と いいますよね。

もんだい

うえの えを よく みて おぼえましょう。

（30秒経ったら上の絵を隠します）

　もも、くり、かきが いくつずつ あったか、それぞれの
わくに ○を かきましょう。

46 フルーツうりばまでの みち

<ruby>ふ<rt></rt></ruby><ruby>る<rt></rt></ruby><ruby>う<rt></rt></ruby><ruby>つ<rt></rt></ruby>

地図の記憶

つぎの かどを まがって レッドは とまりました。

ここから さきは ほそい みちだから
トラクターは はいれません。フルーツうりばまでの
みちじゅんを ごあんないします。
よく きいて あるいて いって ください。

問 題 （115ページを見せないで、ゆっくりお話を読みます）

　道をまっすぐ進みます。池のある分かれ道で右に進み、しばらくして出てくる階段を上ります。次の四つ角で左に曲がるとお店につきます。フルーツ売り場に○を付けましょう。

47 おきゃくさまが かった もの

数の記憶

フルーツうりばでは ドリアンヌが みせばんを
して いました。

> きょうは あさから たくさんの ひとが
> かいものに きて いそがしかったわ。
> わたしの だす もんだいが とけたら
> ブルーベリーと きんかを あげるわ。

ドリアンヌが おはなしを はじめました。

問題 （117ページを見せないで、ゆっくりお話を読みます）

❶チョコロンさんは、チョコレート作りに使うカカオを３袋買ったのよ。それから大好物のりんごジュースを２本買ったわ。チョコロンさんの買ったものはどれか、４つのなかから１つ選んで○を付けてね。

❷ケーキ工場長のクーヘンさんは、ケーキを飾るいちごを５箱と、ブルーベリー３皿、メロンを２個買ったわ。クーヘンさんが買ったものはどれか、２つのなかから１つ選んで○を付けてね。

おわったら きんかシールを はろう。答えは別冊**13**ページ、解説は別冊**31**ページ　**117**

48 チクタックンと バラキング 記憶

ドリアンヌに もらった ブルーベリーを おかあさんと たべながら、_____ちゃんは やまで はぐれた チクタックンと バラキングを おもいだして いました。

問題 （119ページを見せないで、ゆっくりお話を読みます）

　チクタックンとバラキングは、山で楽しくスケートをしていました。_____ちゃんがいなくなったことに気がついたバラキングは「_____ちゃんがいない！　一緒にトランプをして遊びたかったのに！」と怒り始めました。チクタックンは困って言いました。「そうだ！　ケーキ工場に遊びに行かない？　ケーキを綺麗に切るお手伝いをしようよ。」それを聞いたバラキングは「え！　ケーキを切るの？　楽しそう！」とたちまち機嫌を直しました。これでお話は終わりです。

118

❶ バラキングと チクタックンが やまの うえで して いた ことに つかう どうぐは どれですか。○を つけましょう。

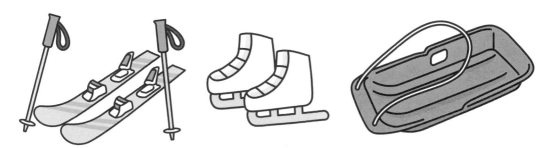

❷ バラキングは　〔　　　　　〕ちゃんと なにを して あそびたかったのでしょうか。1つ えらんで ○を つけましょう。

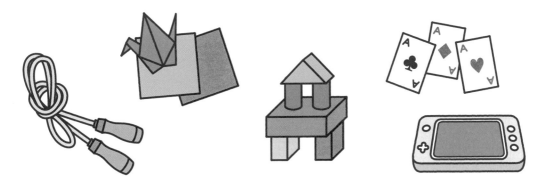

❸★この おはなしで バラキングは どんな きもちだったでしょうか。 4つの わくの なかから 1つ えらんで ○を つけましょう。

49 おまつりの よるに 記憶

　フルーツのうえんを　でて　　　　　　　　ちゃんと
おかあさんは　むらに　もどりました。きょうは　ねんに
いちどの　おまつりです！　むらでは　たくさんの
ようせいたちと　ひとびとが　おんがくに　あわせて　うたい
おどって　いました。　　　　　　　　ちゃんも　こころから
おまつりを　たのしみました。

問 題（121ページを見せないで、ゆっくりお話を読みます）

　お祭りの夜、　　　　　ちゃんはフルーツ農園でお絵かきをする夢を見ました。ケーキ工場の妖精は「私はいちごがたっぷりのったケーキをつくる係なの。」と言っていちごをかいています。カレー屋のルーさんは「カレーにりんごを入れると美味しいんだよね。」と言ってりんごを３つかきました。トマトマーナとコマツンナはレモンの木をかいていましたが、お絵かきよりも「夏は花火が楽しいのよ。」「冬はスキーが楽しいのよ。」と、おしゃべりばかりしていました。ドリアンヌはみんなの横で気持ちよくうたた寝しています。みんな仲良く、とても楽しそうでした。これでお話は終わりです。

1 ようせいは どんな ケーキを つくる かかりですか。

○を つけましょう。

---

2 ルーさんが かいた りんごの かずだけ わくに ○を か

きましょう。

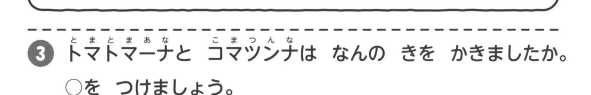

---

3 トマトマーナと コマツンナは なんの きを かきましたか。

○を つけましょう。

---

4 ゆめに でて こなかったのは だれですか。

×を つけましょう。

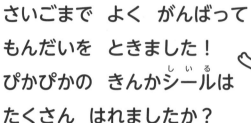 ちゃんへ

さいごまで よく がんばって
もんだいを ときました！
ぴかぴかの きんかシールは
たくさん はれましたか？

この ほんは _____ ちゃんが これから
しょうがっこうに いった あとも あたまの なかを
たのしく うごかせるようにと ねがって
つくられました。

_____ ちゃんが おうちの かたと
たのしく とりくんで くださって いたら
とても うれしく おもいます。

さて、これから _____ ちゃんが
おおきく なって おとなに なる ころには
いったい どんな みらいが まって いるでしょうか。
ロボットが まちを あるき くるまは
そらを とび うちゅうの かなたの ほしにも
いけるように なるかも しれませんね。

みらいは  ＿＿＿＿＿＿ ちゃんの
ての　なかに　あります。

そして　すてきな　みらいは
＿＿＿＿＿＿　ちゃんの　あたまの　なかから
うまれて　きます。
＿＿＿＿＿＿　ちゃんの　あたまに　うかんだ
すてきな　みらいを　ぜひ
まわりの　ひとにも　つたえて　ください。
そして　まわりの　ひとと　ちからを　あわせて
たのしい　みらいを　つくって　ください。

＿＿＿＿＿＿　ちゃんの　おとうさんや
おかあさん　そして　 ＿＿＿＿＿＿　ちゃんの
ようちえんや　ほいくえんの　せんせいがた　それから
この　ほんを　つくった　おとなたちも　みんな
＿＿＿＿＿＿　ちゃんが　これからも　たのしく
まなんで　すてきな　みらいを　つくって　くれる　ことを
ねがって　います。

バラキングも　チクタックンも　ドリアンヌも　みんな
げんきに　パワーアップして　＿＿＿＿＿＿　ちゃんに
ふたたび　あえる　ひを　たのしみに　して　いますよ。

あおきみのり

おわりに　保護者のみなさんへ

　最後まで取り組んでいただき、ありがとうございました。

　年に一度のお祭りの日の、おいしいお菓子やお料理の世界を巡る物語はいかがでしたか？

　もし難しいところがありましたら、別冊解答や解説動画をヒントに、お子さんともう一度、おいしい問題をゆったり味わってみてください。

　もう少し難しい問題に挑戦したいという冒険家のお子さんは、ぜひ『４歳・５歳・６歳　小学校の勉強ができる子になる問題集〜バラキングと ふしぎな きんか の なぞ〜』の冒険物語にもトライしてみてくださいね。

　私たちは日々、目まぐるしく変わる世界情勢の中で生きています。

　どの子にもみな、これからをたくましく生き抜く力を身につけてほしい。イキイキと元気に楽しく過ごせるよう健やかな心と体を持ってほしい。豊かな学力だけでなく、家族や友人などまわりの方とよい関係を保てるコミュニケーション力を身につけてほしい。

　そんな願いを心に持ち、私は今日も子どもたちと向かいあいます。たとえ何か思うようにいかないことがあって心がカサカサと音を立てる日も、レッスンではいつもかわいい子どもたちの笑顔に癒やされています。

　子どもたちから私へと届く笑顔は、私からまた子どもたちへ、そして巡り巡って保護者のみなさんへとバトンのように伝わっていきます。子どもたちの成長に寄り添い、保護者の方が抱える子育ての不安や心配事にも温かい笑顔で寄り添うことで、笑顔がうつり巡っていくのですね。

　巡りゆく笑顔。どうかみなさんにも、この本を通して笑顔が巡っていきますように。今だけでなく、何十年後かにも笑顔が巡りますように。

　「あの頃は毎日大変だったけど、育児ってやっぱり楽しかった。お菓子の世界を巡る、あの問題集も楽しかったなあ」と、本書を懐かしく思い出していただけることを願っています。

　この本の結びに、MBキッズカレッジの生徒と保護者のみなさん、教室の講師スタッフ、そして私をいつも支えてくれる家族に心からの感謝を捧げます。

2020年6月　青木みのり

青木みのり（あおき　みのり）

幼小受験専門家
MBキッズカレッジ校長

2005年に東京都世田谷にて親子講座を企画・運営する「ママンベビー」をスタートさせ、ベビーマッサージやリトミック、ママゴスペルなどの講座を開催する。2010年ごろより入園準備のためのクラスを始め、幼稚園や小学校入試に向けた指導を本格的に行う幼児教室「MBキッズカレッジ」へと発展させる。ベビー講座から受験指導まで、のべ3万人の親子の指導実績を有する。

「わが子にぴったりの幼稚園や小学校を選びたい」という保護者のために、都内近郊の国私立幼稚園・小学校の特徴、入試傾向、情報などをリサーチし、一人ひとりの個性や発達、気質を総合的に診断するアプローチで学校選びのアドバイスを行っている。

また、これまでの経験を活かし、小学校受験のメソッドをベースに幼児指導のできる講師育成にも熱心に取り組んでいる。こどもたちの知的好奇心を刺激しながら、楽しく考える力を伸ばすことをモットーとしている。

著書に『考える力がぐんぐん育つ！おはなしワークブック①がんばれ！ももたろう／②きをつけて！あかずきん／③いそいで！シンデレラ／④しっかり！3びきのこぶた』『4歳・5歳・6歳　小学校の勉強ができる子になる問題集』『4歳・5歳・6歳　小学校の勉強ができる子になる問題集　やさしめ』（以上、実務教育出版）がある。

青木みのり公式ホームページ
https://www.mom-n-baby.net/aoki

装丁／西垂水敦・市川さつき（krran）
本文デザイン・DTP・イラスト／有限会社熊アート

4歳・5歳・6歳
小学校の勉強ができる子になる問題集　やさしめ
チクタックンと スイーツめぐりの たび

2020年7月31日　初版第1刷発行
2023年2月10日　初版第3刷発行

著　者　青木みのり
発行者　小山隆之
発行所　株式会社 実務教育出版
163-8671　東京都新宿区新宿 1-1-12
電話　03-3355-1812（編集）　03-3355-1951（販売）
振替　00160-0-78270

印刷／壮光舎印刷　　製本／東京美術紙工

ISBN978-4-7889-1442-1　C6037
Printed in Japan

修了証
しゅう りょう しょう

なまえ：　　　　　　　　　　ちゃん

✦ **おめでとうございます！** ✦

　　　　　　　ちゃんは、きょう ここに

やさしさと ゆうきを もって

しょうがっこうの べんきょうが できるこになる もんだいしゅう やさしめ
〜チクタックンと スイーツめぐりの たび〜
ちくたっくん　　　すいいつ

を おえる ことが できました。
これからも まなびの たびを
たのしく つづけて ください。

せいれき　　　　ねん　　　がつ　　　にち

もんだいを つくった ひと
青木 みのり

きりとり ✂

4歳・5歳・6歳
小学校の勉強ができる子になる問題集　やさしめ

チクタックンと　スイーツめぐりの　たび

別冊解答・解説

もんだいが　できなくて　こまった　ときには
カレーを　たべて　うたを　うたおう
　　　　　ちゃんは　せかいいち〜！
かいせつどうがも　みて　みてね〜！

とりはずしてご利用ください

実務教育出版

こ　た　え

❶ チョコレートを数えよう
（計数）

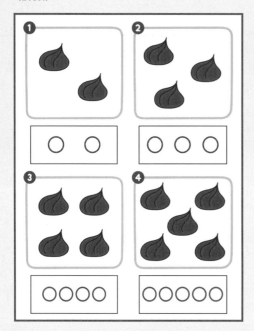

❷ チョコレートの注文用紙
（同数発見）

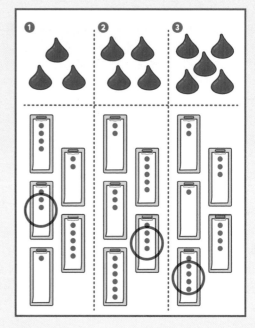

❸ チョコレートと金貨
（立方体の数）

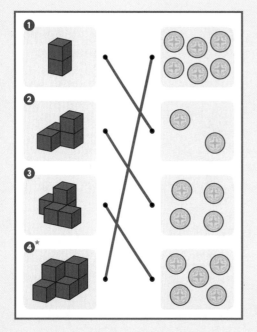

❹ 色とりどりのチョコレート
（合わせた数）

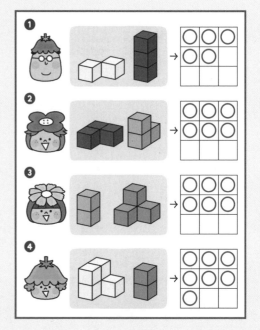

5

チョコレートはいくつ
足りない？ （足りない数）

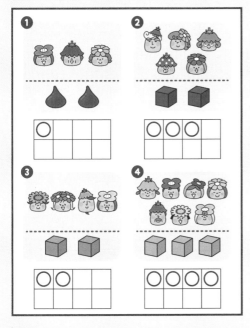

6

チョコレートはいくつ
できる？ （置き換え）

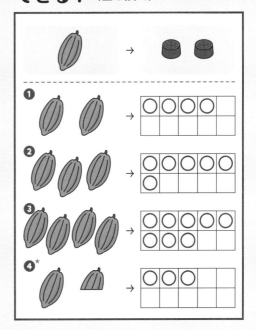

7

仲よく分けよう

（数の分割）

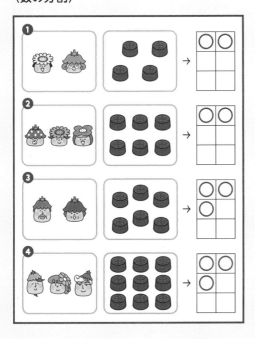

8

ケーキのマーク

（置き換え）

⑨ おいしいケーキをつくろう
（同形発見）

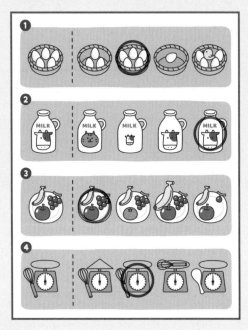

⑩ ケーキをかこう
（模写）

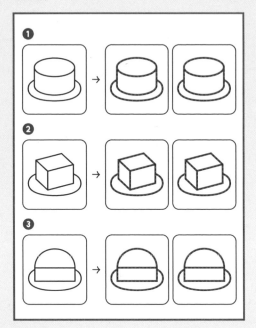

⑪ 違うケーキはどれ？
（異形発見）

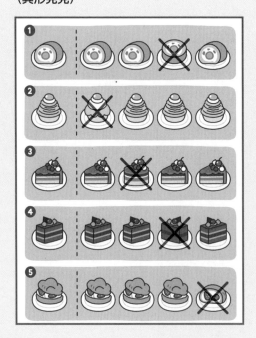

⑫ クーヘンさんを さがせ（迷路）★

⑬ 10時のおやつ
（間違い探し）

⑭ ベルトコンベアをたどって
（系列）★

⑮ 材料ができるまで
（順序）

⑯ キッチンで長さ比べ
（長さの比較）

5

⓱ ミルクの量比べ
（量の比較）

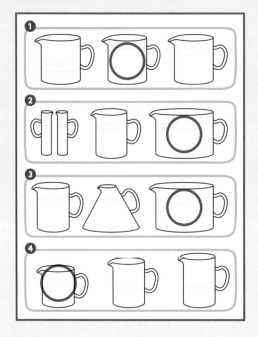

**⓲ フルーツビスケットを
つくろう** （重さの比較）

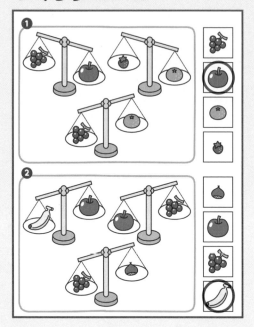

⓳ チクタックンから見ると
（上からの見え方）

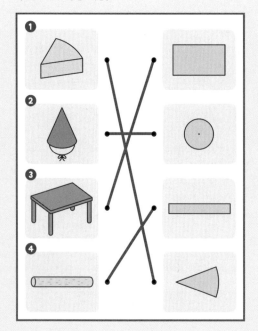

⓴ ビスケットが焼けたよ
（同形発見）

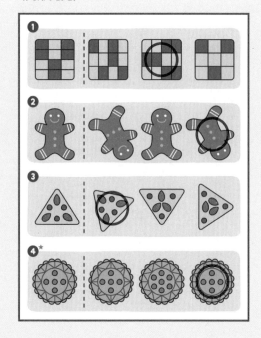

21
ビスケットバスケット
(四方観察)

22
氷の結晶
(同図形発見)

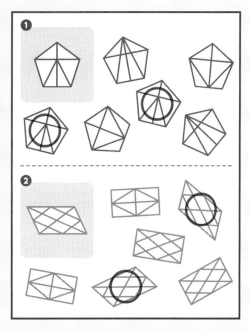

23
割れた氷
(図形分割)

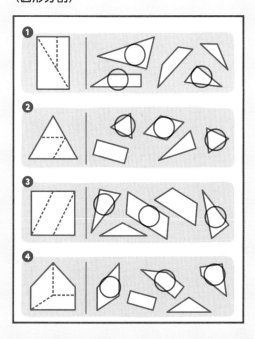

24
元に戻そう
(図形の合成)

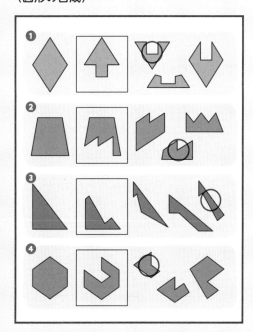

25 アイスクリームのかたち
（立体図形）

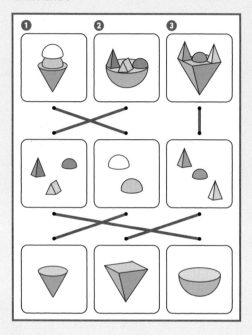

26 氷に映った景色
（鏡図形）

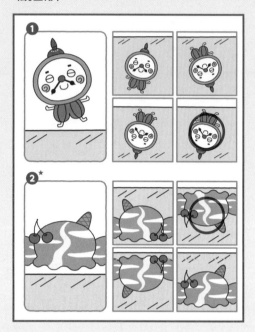

27 スケートくるくる
（回転図形）

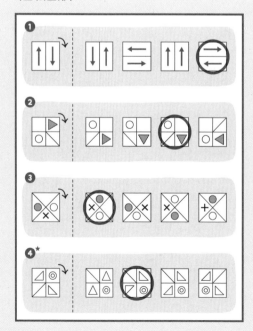

28 山のつらなり
（重ね図形）

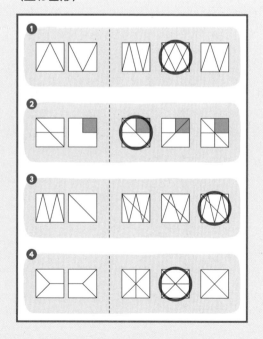

㉙ ミネストローネに
入っているもの（なぞなぞ）

㉚ コーンポタージュとタコ
（逆さしりとり）

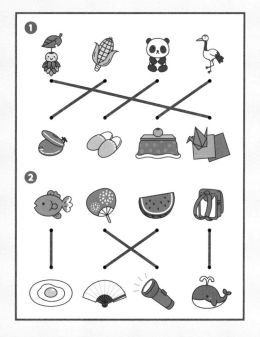

㉛ かぼちゃスープの
始まりと終わり（同頭語・同尾語）

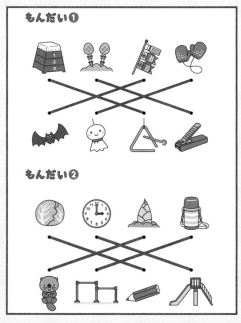

㉜ ポトフのなかに
（真ん中の音）

9

33 ボルシチとコンソメの音
（音の数）

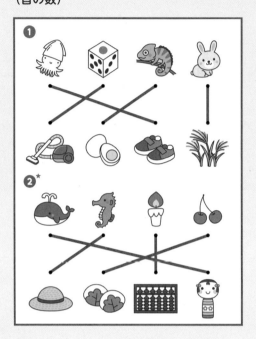

34 おばあちゃんのみそしる
（日本の昔話）

35 シチューとビスケット
（世界の昔話）

36 野菜をかごに入れよう
（野菜の知識）

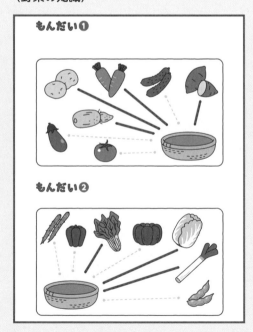

37 生き物を桶に入れよう
（生き物の知識）

もんだい ❶

もんだい ❷

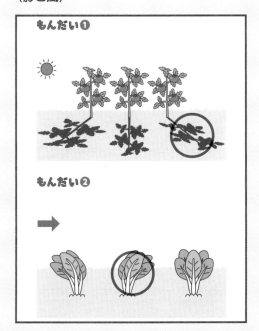

38 精霊たちのかわいい おしゃべり （季節）

もんだい ❶

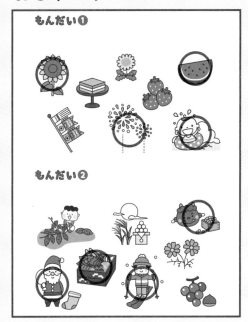

もんだい ❷

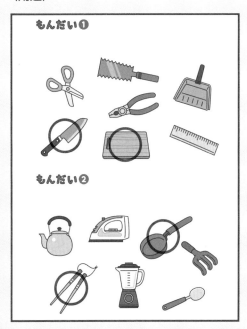

39 畑の夕暮れ
（影と風）

もんだい ❶

もんだい ❷

40 お料理の道具たち
（用途）

もんだい ❶

もんだい ❷

41

お味はいかが？
（濃度）

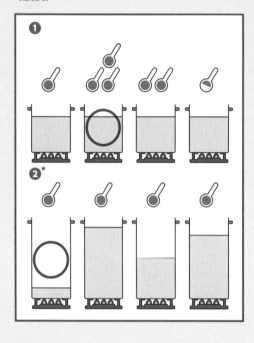

42

お行儀の悪い子はだれ？
（マナー）

43

農園にて
（短文の記憶）

44

ベリーはどこに？
（位置の記憶）

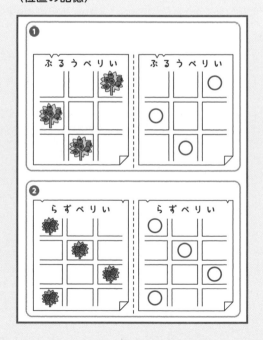

45

ももくり3年かき8年
（絵の記憶）

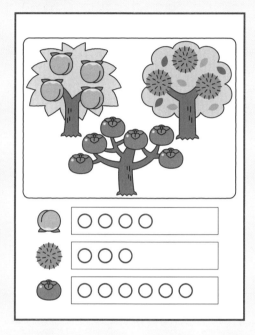

46

フルーツ売り場までの道
（地図の記憶）

47

お客さまが買ったもの
（数の記憶）

48

チクタックンとバラキング
（記憶）

お祭りの夜に

（記憶）

第1章
チョコレートワゴン (数量)

❶ チョコレートを数えよう
(計数)

問題

チョコレートを数えてその数だけ枠の
なかに○を書きましょう。

読み方のコツ

問題は早口にならず、文節で区切りな
がらゆっくりと読んでください。また、
耳からの情報だけではなく目からも問題
を理解できるように、「チョコレートを
かぞえて」のところで右ページにある問
題のチョコレートの絵を指で示し、「そ
の　かずだけ　わくの　なかに」のとこ
ろで解答欄の枠を示すとよいでしょう。

解説

数の概念を身につける問題です。数え
るときは、チョコレートに「・(点)」の印
をつけながら重複して数えないようにし
ます。枠に対する丸印の大きさは、点線
のガイドを参考にしてください。お子さ
んが「○」を書くときには「下から書き
始めて、○の始まりと終わりを合わせて
閉じようね」と伝えるとよいでしょう。
形の似ている数字の「0」は上から書き
始めます。○と0を区別するためにも書
き方の違いを覚えておくとよいでしょう。

❷ チョコレートの注文用紙
(同数発見)

問題

チョコレートの数と同じだけ●がかい
てある紙に○を付けましょう。

読み方のコツ

「チョコレートの　かずと　おなじだ
け」のところで、右ページの問題のチョ
コレートの絵を指で示し、「●が　かい
て　ある　かみに」のところで、注文用
紙の絵を指で示しましょう。

解説

ゆっくりでもよいので、1つ1つ「・
(点)」を付けながら数えるようにしま
しょう。慣れてくるとパッと見て数をと
らえられるようになります。

❸ チョコレートと金貨
(立方体の数)

問題

チョコレートと金貨の数が合うものを
線で結びましょう。

読み方のコツ

「チョコレートと」のところで、❶～
❹のキューブ型チョコレートの絵を指
で示します。「きんかの　かずが」のと
ころで、同じように上から下まで4つ並
んだ金貨の絵を指で示します。

解説

キューブ型チョコレート(立方体)を

数えるときには、縦方向に数えます。キューブが何階建てで積まれているかを数えて、積まれたキューブの一番上にその数だけ棒を書きます。最後にすべての棒を数えると、キューブが何個あるのかわかります。

④ 色とりどりのチョコレート
（合わせた数）

問題

妖精は合わせていくつチョコレートを買いましたか。枠のなかに○を書きましょう。

読み方のコツ

「ようせいは」のところで、❶～❹の4人の妖精を指で示し、「あわせて　いくつ」のところでキューブ型チョコレートの絵を指で示しましょう。

解説

キューブ型チョコレートを正しく数えることが第一段階です。このように立方体を数えるときには、「ここは何階建てかな？」と問いながら、縦方向に棒を書きながら数えましょう。見えないところにも積んであるということを認識するには、立方体の積み木を実際に積んでみる体験が非常に有効です。

⑤ チョコレートはいくつ足りない？
（足りない数）

問題

1人1つずつチョコレートを買うとしたら足りないチョコレートの数だけ枠のなかに○を書きましょう。

読み方のコツ

「ひとり　1つずつ　チョコレートをかうとしたら」のところで、1人1人の妖精に1つ1つチョコレートを結びつけるよう、指で示しながら問題文を読みましょう。

解説

1人に1つのチョコレートを線で結び、チョコレートが買えない妖精の人数を目で見て理解しましょう。あと何個チョコレートがあれば、妖精たち全員が1つずつチョコレートを買うことができるか（つまり、チョコレートはいくつ足りないか）を考える問題です。日常生活でも、折に触れてこのような数の問題（合わせていくつ？　何個足りない？など）に親しめるとよいですね。

⑥ チョコレートはいくつできる？
（置き換え）

問題

絵を見てチョコレートがいくつできるか、枠のなかに○を書きましょう。

読み方のコツ

左ページのおくさんの言葉「カカオのみ　1つから　チョコレートが　2つ」を読みながら、右ページの上のカカオとチョコレートの絵を指で示しましょう。

解説 動画解説

カカオの実1つでチョコレートが2つできます。お子さんが理解しやすいように、カカオのところにチョコレートの代わりにおはじきを2つ置きましょう。カカオが2つや3つに増えたときは、その

分おはじきのチョコレートも2倍や3倍になりますね。おはじきなどの具体物を使うと数のイメージがつかみやすくなります。

❼ 仲よく分けよう
(数の分割)

[問題]

　妖精たちにチョコレートを同じ数ずつあげると1人何個になるか、枠のなかに○を書きましょう。

[読み方のコツ]

　「ようせいたちに」と読みながら右ページ❶～❹の妖精たちを指で示し、「チョコレートを　おなじ　かずずつあげると」のところでチョコレートの絵を指で示しましょう。問題に取り組むときは、問題文を読みながら「お子さんがどこを見ればよいか」を示しましょう。集中して問題を聞くことができるようになります。

[解説]

　妖精が2人ならば、チョコレートを2つずつ輪で囲っていきます。妖精が3人ならば、チョコレートを3つずつ輪で囲みます。できた輪の数が答えになります。

第2章
ケーキこうじょう (知覚)

❽ ケーキのマーク
(置き換え)

[問題]

　ケーキのマークを覚えて枠のなかに書きましょう。上の段から順番に書きましょう。

[読み方のコツ]

　「ケーキの　マークを　おぼえて」のところで、お子さんが4種類のマーク（◎、△、□、○）に注目できるようにケーキのマークを指で示しましょう。

[解説]

　最初は少し時間がかかっても構いませんので、正確さと丁寧さを大切にしてください。置き換えるときは同じケーキのマークをまとめて書き込むのではなく、上の段の左から右に向かって順番にマークを書き込みます。1段目が終わったら2段目の左から右へと、一方方向に進むようにしましょう。

❾ おいしいケーキをつくろう
(同形発見)

[問題]

　左の絵と同じものを右の絵のなかから1つ探して○を付けましょう。

[読み方のコツ]

　問題文を読むときは、注目してほしいポイントを指で示しましょう。耳からの情報だけでなく目からの情報も加わるため、お子さんが問題に集中しやすくなります。「ひだりの　えと　おなじ　ものを」と読みながら、❶～❹の左端にある4つの絵を指で示しましょう。「みぎの　えの　なかから」で、右側に4つずつ並んだ絵を示します。

注意力と集中力を養う問題です。4つ並んだ絵のなかから、見本と同じ絵を1つ見つけます。似たような絵が並んでいるので、間違い探しのようにしっかりと細かいところまで見るように促しましょう。

⑩ ケーキをかこう
(模写)

問題

左のお手本を見て2回同じようにかきましょう。

読み方のコツ

「ひだりの　おてほんを　みて」のところで、お子さんがしっかりお手本に注目できるよう❶～❸のお手本の絵を指で示しましょう。

解説

幼児にとって、まっすぐな線を引くことは大人が思っている以上に難しいことです。日常生活でも、身の回りのことや工作遊びなどで、できるだけ指先を使う機会を多く持つとよいですね。まずはガイドの点線をなぞりながら何度も練習しましょう。上手にかけるようになったら、お手本を見ながらガイドなしで白い紙などにかいてみましょう。

⑪ 違うケーキはどれ？
(異形発見)

問題

左の絵と違うものを右の絵のなかから1つ探して×を付けましょう。

読み方のコツ

「ひだりの　えと」と読みながら❶～❺の左端にあるケーキを、「みぎの　えの　なかから」と読みながら、それぞれ4つずつ並んだケーキを示しましょう（もし、お子さんが慣れてきて、問題を耳から聞いただけで集中し理解できるようになれば、指で示す必要はありません）。「×（バツ）を　つけましょう」のところで、「バツ」を少し強調して読みましょう。

解説

この問題では、違うものに×（バツ）を付けるという指示です。問題は最後まで聞いて、しるし違い（たとえば○など）をしないように気をつけましょう。

⑫ クーヘンさんをさがせ
(迷路)

問題

迷路を通ってクーヘンさんを探しに行きましょう。

読み方のコツ

「めいろを　とおって」と読みながら、スタート地点を指で示し、「クーヘンさんを」のところで、ゴール地点を指で示しましょう。

解説 🔲動画解説

迷路を解くときは、まずスタートからゴールまで目と指で見当をつけてから鉛筆で書き込むようにします。最初から鉛筆でいきなり書き込んでしまうと、もしも間違えたときにリカバリーの時間がかかります。迷路の側壁にぶつからないよ

うに、道の真ん中をまっすぐに通る練習をしましょう。

⑬ 10時のおやつ
（間違い探し）

上と下の絵を比べて違うところに４つ×を付けましょう。×は下の絵に付けましょう。

読み方のコツ
「うえと　したの　えを」のところで、右ページの２つの絵を指で示します。「×（バツ）を　つけましょう」の「バツ」のところを少し強調して読みましょう。

解説
観察力や注意力を養う問題です。お子さんが上と下の絵の違いを見つけにくいようでしたら、大まかなブロックに分けて「この辺にあるかもしれないよ？」とヒントを出しましょう。

⑭ ベルトコンベアをたどって
（系列）

問題
いろいろな形が同じ順番に規則正しく並んでいます。空いている枠に形をかきましょう。

読み方のコツ
「いろいろな　かたちが　おなじ　じゅんばんに　きそくただしく　ならんでいます」と読みながら、右ページのベルトコンベアの絵を指で示しましょう。「あいて　いる　わくに」と読みながら、該当する枠を指で示します。

解説
形は順番に規則正しく並んでいます。同じ形を探して、右手と左手の指で押さえ、その指を１つずつ同時に前や後ろにずらしていくと、空いている枠に入る形がわかります。

第3章
ビスケットキッチン（推理）

⑮ 材料ができるまで
（順序）

問題
時間が経つ順番が合っているものに○、間違っているものに×を書きましょう。

読み方のコツ
「あって　いる　ものに　○（マル）」のところで「マル」の部分を少し強調して読みましょう。同じように「まちがっている　ものに　×（バツ）」のところで「バツ」の部分を少し強調して読みましょう。

解説
時間の流れを理解できているかを問う問題です。❶は「たまご→たまごが割れる→ひよこ」という流れなので、書かれている順番だと時間の流れが正しくありません。❷は「小麦収穫→臼でひく→小麦粉」という順番で、時間の流れが合っています。❸は「子牛→成牛になって乳搾り→ミルク」という流れなので、イラストの順番だと時間の流れが正しくありません。❹は「サトウキビ→煮出

す→砂糖」という流れで、時間の流れが正しく書かれています。小麦粉や砂糖は、何からどのようにしてできているかなども、興味を持って図鑑などで調べられるとよいですね。

⑯ キッチンで長さ比べ
（長さの比較）

問題

いろいろなものの長さを比べました。一番長いものに○を付けましょう。

読み方のコツ

問題文を読むときは、できるだけ文節で区切ってゆっくり読むようにしましょう。お子さんが問題を1回の発問で聞いて理解できるようになってきたら、少し早めに読むようにしましょう。

解説

ご家庭にあるひもを使って長さを比べてみましょう。❶〜❹の麺棒や泡立て器の長さをひもで測り、ハサミでその長さにひもを切ります。切り終えたひもを並べて比べてみると、どれが長くてどれが短いかを目で見てよく理解できます。

⑰ ミルクの量比べ
（量の比較）

問題

ミルクが一番多く入っている入れものに○を付けましょう。

読み方のコツ

問題文はゆっくり読みましょう。「いちばん　おおく」のところを少し強調して読むと、お子さんもわかりやすいで

しょう。

解説

❶は同じサイズの容器です。ミルクが一番多く入っているのは真ん中ですね。❷と❸は、ミルクの高さが同じですので、底面積や口の広さでミルクの量が変わります。お子さんが理解しにくいようであれば、ミルクの部分に好きな色の色鉛筆で色を塗ってみましょう。色を塗った面積が大きいものがミルクの量も多いのだと見た目からもわかりやすいでしょう。❹は、底面積と口の広さが同じ容器です。容器の高さに惑わされず、入っている液体（ミルク）の高さが一番高いものが、一番多い量ということになります。大きさや高さの違う容器をいくつか用意して、実際に水の移し替えをすると理解が進むでしょう。

⑱ フルーツビスケットをつくろう
（重さの比較）

問題

天びんに載せたフルーツのなかで一番重いフルーツに○を付けましょう。

読み方のコツ

「いちばん　おもい」というところを少し強調して読むとわかりやすいでしょう。

解説

天びんはシーソーと同じで、重いほうが下に下がります。まず親子でシーソーに乗って、重いほうが下に下がるということを理解しましょう。重いほうが下がる、軽いほうが上がる、と理解できたら、天びんに載っている同じフルーツを線で

消します。❶は左側の天びんのぶどう
と真ん中の天びんのぶどう、真ん中の天
びんのみかんと右側の天びんのみかんを
消します。すると、りんごが下で残り、
いちごが上で残りますので、一番重いの
はりんごです。❷も同じように、同じ
フルーツを消していくと、一番重いもの
と軽いものがわかります。

⑲ チクタックンから見ると
（上からの見え方）

問題
　真上にいるチクタックンからいろんな
ものを見るとどう見えるか、線で結びま
しょう。

読み方のコツ
　問題文は文節で区切りながら、ゆっく
りと読みましょう。

解説
　お子さんが真上から見た図を想像しに
くいようでしたら、実際におうちにある
チーズや、とんがり帽子、机や麺棒を真
上から見て、形を確かめてみましょう。
とんがり帽子（円すい）は、折り紙や画
用紙に半円をかいて切り抜き、くるっと
丸めると簡単に作れます。なお、線結び
の線はできるだけまっすぐに、●から●
へ引くようにしましょう。

⑳ ビスケットが焼けたよ
（同形発見）

問題
　左のビスケットと同じものを見つけて
○を付けましょう。

読み方のコツ
　「ひだりの　ビスケット」と読みながら
❶〜❹のビスケットを指で示し、「お
なじ　ものを　みつけて」のところで、
それぞれ右に３つ並んだビスケットを指
で示します。

解説　🔲動画解説
　❾の問題でもトライした「同じもの
を見つける問題」ですが、ここでは形が
回転しています。透明なopp袋（透明
フィルム）などに油性ペンで見本のビス
ケットの形を写して、回転させながら同
じものを見つけると理解しやすいでしょ
う。

㉑ ビスケットバスケット
（四方観察）

問題
　お母さんとチクタックンがバスケット
を見ています。どう見えるか、正しいも
のに○を付けましょう。

読み方のコツ
　「おかあさんと　チクタックンが」のと
ころで、右ページの絵のお母さんとチク
タックンを指で示しましょう。

解説
　四方からの観察は、幼児にとって難し
い分野です。おうちにあるヤカンとバス
ケット（かご）を実際にテーブルの上に
置いて、四方からどう見えるか観察して
みましょう。四方からスマートフォンな
どで写真に撮り、見比べてもよいですね。

第4章
アイスクリームやま （図形）

㉒ 氷の結晶
（同図形発見）

[問題]

　左上の形と同じものを2つ選んで○を付けましょう。

[読み方のコツ]

　「ひだりうえの　かたちと」と読みながら、右ページの❶と❷のそれぞれ左上にある見本の図を指で示します。「2つえらんで」の「2つ」は、少し強調して読みましょう。

[解説]

　図形の形を注意深く見て、同じものを見つける問題です。お子さんが見つけにくいようでしたら、透明なopp袋（透明フィルム）などに油性ペンで見本の形をなぞり、1つずつ図を重ねながら「違うかな？　同じかな？」と、見つけるとよいでしょう。

㉓ 割れた氷
（図形分割）

[問題]

　左の形を点線で分けるとどんな形になりますか。3つずつ見つけて○を付けましょう。

[読み方のコツ]

　お子さんが出題スタイルに慣れるまでは、どこに注目して問題を解いたらよいかわかりやすくガイドしましょう。「ひだりの　かたちを」と読みながら、❶

～❹の左端にある形を指で示し、「てんせんで　わけると」で、点線のところを軽く指でなぞります。「3つずつ　みつけて」のところで、❶～❹の右側にある形をくるりと指で示します。「3つ」のところは、少し強調して読みましょう。

[解説]

　まず左端の図の上に薄い紙を置き、形を写します。それをハサミで切り取り、点線のところも切り離してパズルのように考えてみましょう。普段から知育玩具のタングラムやパターンブロックなどにたくさん親しんでおくと、図形を分割したり合成したりする力が養われます。

㉔ 元に戻そう
（図形の合成）

[問題]

　一番左の形にするには四角のなかの形にどれを組み合わせたらよいですか。右の3つから1つ選んで○を付けましょう。

[読み方のコツ]

　「いちばん　ひだりの　かたちに　するには」のところで、❶～❹の左端の図を指で示します。「しかくの　なかのかたちに」のところで、❶～❹の真ん中にある枠の図を示し、「みぎの　3つから」のところで、❶～❹の右側にそれぞれ3つずつある図を指で示します。

[解説]

　真ん中の枠の図に、左の図の形になるよう線を書き足してみましょう。すると、正解の図が見えてきます。

22

㉕ アイスクリームのかたち
（立体図形）

[問題]

上のアイスクリームはどの形を組み合わせてできていますか。線で結びましょう。

[読み方のコツ]

お子さんが問題文を理解しやすいように、ゆっくりと読みましょう。「どの」のところを少し強調して読み、メリハリをつけるとお子さんも集中しやすいでしょう。

[解説]

立体の図形を組み合わせる問題です。おままごとセットや積み木などの具体物があれば、ぜひいろいろ組み合わせて遊んでみてください。この問題では粘土で同じような形を作り、組み合わせてみると理解しやすいでしょう。

㉖ 氷に映った景色
（鏡図形）

[問題]

左の絵を氷に映すとどう見えますか。正しいものに○を付けましょう。

[読み方のコツ]

「ひだりの　えを」と読みながら、❶と❷の左側の絵を指で示しましょう。「ただしい　ものに　○を　つけましょう」と読みながら、❶と❷それぞれの4つ並んだ絵を指で示します。注目すべきポイントにお子さんの目が行くように指で示してガイドしてください。

[解説]

水面（この問題では氷面）に物が映ると上下が逆になります。お手もちの鏡を氷面に見たてると、お子さんにも理解しやすいでしょう。氷面の線に小さな鏡を置き、実際に❶のチクタックンや❷のアイスクリーム山を映してお子さんに見せてください。

㉗ スケートくるくる
（回転図形）

[問題]

左の絵を矢印のほうに1回まわすとどうなるか、選んで○を付けましょう。

[読み方のコツ]

「ひだりの　えを」と読みながら、❶〜❹の左端の図を指で示します。「やじるしの　ほうに」のところで回転する指示の→を指で示しましょう。「どう　なるか、えらんで」のところで、❶〜❹のそれぞれ右枠にある4つずつの図を指で示しましょう。

[解説] 🎬動画解説

回転図形の問題理解には、opp袋（透明フィルム）が大活躍します。opp袋に油性ペンで左の絵を写しとり、右方向に90度まわして見比べてみましょう。

㉘ 山のつらなり
（重ね図形）

[問題]

左の2枚の透明な板をそのまま重ねるとどうなるか、1つ選んで○を付けましょう。

23

「ひだりの　2まいの」のところで、❶〜❹の左枠にある2枚の図形を指で示します。「1つ　えらんで」のところで、❶〜❹の右枠に並んだ3つの図を指で示しましょう。

解説

　左枠のどちらかの図を、透明なopp袋（透明フィルム）に油性ペンでなぞり、もう片方の図に実際に重ねてみましょう。目で見て確かめると理解が進みます。opp袋が手元にないときは、左枠のどちらかの図をもう片方の図に実際に書き込んでみてもよいでしょう。

第5章
スープのどうくつ（言語）

㉙ ミネストローネに入っているもの
（なぞなぞ）

問題

　上の段の絵の名前のなかに下の段の絵の名前が入っています。見つけて線で結びましょう。

読み方のコツ

「うえの　だんの　えの」のところで、上の段の4つの絵を指で示します。「したの　だんの　えの」のところで、下に並んだ4つの絵を指で示しましょう。❷も同じように注目すべきポイントを指で示すとよいでしょう。

解説

　なぞなぞの問題です。絵の名称がわか

らない（その名称を知らない）場合には、実物を見せたり、図鑑に載っている写真を見せたりして、いろいろなものの名前を覚えるようにしましょう。

㉚ コーンポタージュとタコ
（逆さしりとり）

問題

　しりとりで上の段の絵の前に来るものを下の段から見つけて線で結びましょう。

読み方のコツ

「うえの　だんの」と読みながら、❶の上の段の4つの絵（ミノムシ、とうもろこし、パンダ、ツル）を指で示しましょう。「えの　まえに」のところは「まえに」を強調して読みましょう。「したの　だんから　みつけて」と読みながら、下の段の4つの絵（カスタネット、スリッパ、こたつ、おりがみ）を指で示します。❷も同じように、上の段（金魚、うちわ、すいか、ランドセル）と下の段（目玉焼き、せんす、懐中電灯、クジラ）を示しながら読みましょう。

解説

「キツネ→ネコ→コアラ→ラッコ」が普通のしりとりですが、逆さしりとりは、いわば逆バージョンのしりとりです。言葉の頭の文字（キツネならばキ）で終わる言葉（たとえば、マメマキのキ）を探してつなげます。「キツネ→豆まき→ごま→いちご」となります。

31 かぼちゃスープの始まりと終わり
(同頭語・同尾語)

問題1

　始まりの音が同じものを線で結びましょう。

問題2

　終わりの音が同じものを線で結びましょう。

読み方のコツ

　問題1を読むときには、問題1の8つの絵を示しながら読みましょう。問題2も同じく、「おわりの　おとが　おなじ　ものを」と読みながら問題2の8つの絵を示します。

問題1の解説

　跳び箱、つくし、こいのぼり、手袋、コウモリ、てるてる坊主、トライアングル、つめきり

問題2の解説

　キャベツ、とけい、たけのこ、水筒、ラッコ、鉄棒、エンピツ、すべり台

32 ポトフのなかに
(真ん中の音)

問題

　左の枠の絵と真ん中の音が同じ絵に○を付けましょう。

読み方のコツ

　「ひだりの　わくの　えと」と読みながら、❶〜❹の左枠の絵を指で示します。「まんなかの　おとが」のところは少し強調して読みます。「○を　つけましょう」と読みながら、❶〜❹のそれぞれ

右枠にある4つの絵を指で示しましょう。

解説

　❶フライパン、トマト、エビフライ、レンゲ、毛糸 (真ん中の音は「い」)。❷うちわ、かき氷、いちご、せんぷうき、せんす (真ん中の音は「ち」)。❸カタツムリ、つくし、てるてる坊主、カブトムシ、キツネ (真ん中の音は「つ」)。❹たまご、オムライス、ひよこ、さつまいも、おたま (真ん中の音は「ま」)。

33 ボルシチとコンソメの音
(音の数)

問題

　音の数が同じ言葉どうしを線で結びましょう。

読み方のコツ

　「おとの　かずが　おなじ　ことば　どうしを」と読みながら、❶にある8つの絵を指で示しましょう。❶が終わったら、❷も同じように読みましょう。

解説　[■■■] 動画解説

　「音の数」が理解しにくい場合は、身の回りにあるものの名前を挙げて、手を叩きながら発音してみましょう。たとえば「消しゴム」があった場合、「け・し・ゴ・ム」と発音しながら1音で1回、つまり4回手を叩くことで「消しゴム」は4音だと理解できます。「みかん」は「み・か・ん」と言いながら1音で1回、つまり3回手を叩くので3音です。❶イカ―くつ、サイコロ―そうじき、カメレオン―ゆでたまご、ウサギ―すすき❷クジラ―こけし、タツノオトシゴ―麦わら帽子、ろ

うそく―そろばん、さくらんぼ―かしわ
もち

　❷の問題は「クジラ」を見て、すぐ
にその下にある「帽子」とつなげてしま
うと、その先の「ろうそく（4文字）」と
「そろばん（4文字）」、「さくらんぼ（5
文字）」と「かしわもち（5文字）」をつな
いだあとに残った「タツノオトシゴ（7
文字）」と「こけし（3文字）」で答えに詰
まってしまいます。そうなったときは一
旦気持ちを切り替えて、確実なものから
つないでいきましょう。「クジラ（3文
字）」と「こけし（3文字）」を繋いで、
残った「タツノオトシゴ（7文字）」から
「麦わら帽子（7文字）」を導き出せるか
がポイントです。

🈠 おばあちゃんのみそしる
（日本の昔話）

［問題］
　左上の枠のなかのものが出てくるお話
と関係のないもの1つに×を付けましょ
う。

［読み方のコツ］
　「ひだりうえの」と読みながら、❶の
左上の枠にある見本（うちでのこづち）
を指で示しましょう。「かんけいの　な
い　もの」のところで、枠の外の6つの
絵をぐるりと指で示します。「×を　つ
けましょう」の「バツ」を、少し強調し
て読みましょう。❷も同じように行っ
てください。

［解説］
　❶は『一寸法師』で、❷は『笠地蔵』

です。昔話には楽しいお話や悲しいお話
などいろいろあります。ぜひ、日本の昔
話の絵本をたくさん読み聞かせましょう。

🈟 シチューとビスケット
（世界の昔話）

［問題］
　左上の枠のなかのものが出てくるお話
と関係のないもの1つに×を付けましょ
う。

［読み方のコツ］
　「ひだりうえの」と読みながら、❶の
左上の枠にある見本（かぶ）を指で示し
ましょう。「かんけいの　ない　もの」
のところで、枠の外の6つの絵をぐるり
と指で示します。「×を　つけましょう」
の「バツ」を、少し強調して読みましょ
う。❷も同じように行ってください。

［解説］
　❶はロシア民話の『大きなかぶ』で、
❷はイギリス童話の『ジャックと豆の
木』です。

第6章
カレーライスのおみせ（常識）

🈵 野菜をかごに入れよう
（野菜の知識）

［問題1］
　土のなかの茎や根を食べる野菜とかご
を線で結びましょう。

［問題2］
　葉を食べる野菜とかごを線で結びま

しょう。

　できるだけゆっくりと読みましょう。問題1の「つちの　なかの　くき」や「ね（根）」、問題2の「は（葉）」の部分は少し強調して読むと、お子さんにも理解しやすいでしょう。

問題1の解説

　じゃがいも、れんこんは土のなかの茎の部分が食べるところです。にんじん、さつまいもは根の部分を食べています。きゅうり、なす、トマトは実の部分が食べるところです。

問題2の解説

　ほうれん草、白菜、長ねぎは葉の部分が食べるところです。ピーマン、かぼちゃ、枝豆は実の部分、ごぼうは根の部分が食べるところです。

③ 生き物を桶に入れよう
（生き物の知識）

問題1

　たまごから生まれる生き物と桶を線で結びましょう。

問題2

　海で暮らす生き物と桶を線で結びましょう。

読み方のコツ

　問題1の「たまごから」と、問題2の「うみで」の部分は少し強調して読むと、お子さんにも理解しやすいでしょう。

問題1の解説

　ニワトリ、サケ、タコ、カニはたまごから生まれます。イノシシ、牛、豚は赤

ちゃんで生まれます。

問題2の解説

　金魚、オタマジャクシ、ドジョウ、コイは、主に池や川や水田などの淡水にすんでいます。ウニ、マダイ、サザエは海にすんでいます。

㊳ 精霊たちのかわいいおしゃべり
（季節）

問題1

　夏の季節のものを4つ見つけて○を付けましょう。

問題2

　冬の季節のものを4つ見つけて○を付けましょう。

読み方のコツ

　問題文はできるだけゆっくりと、文節で区切るくらいのペースで読むとよいでしょう。「なつの」「ふゆの」「4つ」などの部分は、少し強調して読みましょう。

問題1の解説

　ヒマワリ、すいか、花火、海水浴は夏の季節のものです。タンポポ、ひしもち、いちご、こいのぼりは春の季節のものです。

問題2の解説

　節分、おせち料理、サンタクロースと靴下、スキーはいずれも冬の季節のものです。芋掘り、お月見、コスモス、ぶどうやくりは秋の季節のものです。

39 畑の夕暮れ
（影と風）

問題1

太陽の光が当たったときの正しい影に
○を付けましょう。

問題2

矢印のほうに風が吹いたときの正しい
絵に○を付けましょう。

読み方のコツ

お子さんが問題に注目しやすいように、
「たいようの」や「やじるしの」のところ
では、右ページの問題の絵の太陽と矢印
の部分を指で示しましょう。また、「た
だしい　かげに」や「ただしい　えに」
のところでも、それぞれ該当する部分
（❶ではトマトの苗の影、❷は小松菜
の絵）を指で示しましょう。

問題1の解説

太陽が左奥のほうから照っているので、
影は右前の方向にできます。

問題2の解説

風が左から右へ吹いているので、小松
菜も同じ方向になびきます。

40 お料理の道具たち
（用途）

問題1

野菜を切るときに使うもの2つに○を
付けましょう。

問題2

野菜を炒めるときに使うもの2つに○
を付けましょう。

読み方のコツ

「きる　ときに」「いためる　ときに」「2
つに」などの部分は、少し強調して読み
ましょう。

問題1の解説

紙切りハサミ、ノコギリ、ちりとり、
ペンチ、包丁、まな板、定規の中で、野
菜を切るときに使うのは包丁とまな板で
す。

問題2の解説

やかん、アイロン、フライパン、砂場
で使う熊手、菜ばし、ジュースミキサー、
スプーンの中で、野菜を炒めるときに使
うのはフライパンと菜ばしです。

41 お味はいかが？
（濃度）

問題

鍋にカレーのスパイスを入れます。ど
の鍋のカレーが一番濃い味になるか、○
を付けましょう。

読み方のコツ

問題を解く際に注目すべきポイントを
指で示しながら読みましょう。「なべに
カレーの　スパイスを　いれます」と読
みながら、右ページの絵にあるスパイス
を盛ったスプーンを指で示しましょう。
「どの　なべの　カレーが」のところで、
❶と❷それぞれ4つずつ並んでいる鍋
を指で示します。

解説 ▮▮▮▮ 動画解説

❶　鍋のなかの量が同じときは、たくさ
んスパイスを入れると味が濃くなりま
す。

❷　スプーン1杯だけの同じ量のスパイスを入れるときは、鍋のなかの量が少ないほうが味は濃くなります。実際に料理をするときに、お子さんも一緒に味見をしながら体験すると、濃度の理解が進みます。

㊷ お行儀の悪い子はだれ？
（マナー）

問題

お行儀の悪い食べ方をしている妖精に△を付けましょう。5人見つけましょう。

読み方のコツ

「おぎょうぎの　わるい」の「わるい」ところを少し強調して読みましょう。この問題は、行儀の悪い子に△を付けるという指示です。指示の形（△）を間違えないように最後までしっかり問題を聞くことが大切です。

解説

肘をついて食べたり、こぼしながら食べたり、日頃の食卓でのマナーを見直すきっかけになる問題です。幼いうちに食卓のマナーをしっかりと身につけましょう。

第7章
フルーツのうえん（記憶）

㊸ 農園にて
（短文の記憶）

問題1

（109ページの❶を見せないで、ゆっくり問題を読みます）

レッドは　　　　ちゃんとお母さんを乗せて走りながら、元気に話しています。「この農園では、どのフルーツもとても美味しいですよ。僕は特にバナナとぶどうが大好きです。」

問題2

（109ページの❷を見せないで、ゆっくり問題を読みます）

お母さんがレッドに尋ねました。「ここではジュースも売っていますか？」レッドは元気に「はい。売っています。りんごジュースとさくらんぼジュース、そして、ももジュースも人気です。」と言いました。

❶　レッドが好きなくだものは何ですか。○を付けましょう。

❷　人気のジュースは何ですか。○を付けましょう。

読み方のコツ

左ページにある文章を読むときは、できるだけゆっくり読みましょう（特に「バナナ、ぶどう」「りんごジュース、さくらんぼジュース、ももジュース」の部分などははっきりと読みましょう）。

解説

耳から聞いた短い文を記憶して答える問題です。まずは右ページの絵を見せずに左ページの 問題1 を読む→右ページの❶を解く→再び右ページの絵を見せずに左ページの 問題2 を読む→右ページの❷を解く、というやり方をしてみてください。聞く力と記憶力がついているお子さんは、左ページの 問題1 と

問題2を一気に読み、右ページの❶
❷の問題を一気に解いてもよいでしょ
う。

❹ ベリーはどこに？
(位置の記憶)

【問題】

　左の地図をよく見て覚えましょう。
(15秒経ったら左の地図を隠します)
❶　ブルーベリーの木があったところに
○を付けましょう。
❷　ラズベリーの木があったところに○
を付けましょう。

【読み方のコツ】

　まず「ひだりの　ちずを　よく　みて
おぼえましょう」と読み、右ページ❶
のブルーベリーの木の地図を15秒見せ
ます。15秒経ったら下敷きなどでブルー
ベリーの木の地図を隠してから❶の問
題を解くようにしてください。❷のラ
ズベリーも同じように行います。

【解説】

　「15秒間、集中して見て、覚える」と
いう練習です。もしお子さんの気が散っ
ているようでしたら、木の地図を指で示
して集中できるように促しましょう。

❹ ももくり3年かき8年
(絵の記憶)

【問題】

　上の絵をよく見て覚えましょう。(30
秒経ったら上の絵を隠します)もも、く
り、かきがいくつずつあったか、それぞ
れの枠に○を書きましょう。

【読み方のコツ】

　「うえの　えを　よく　みて　おぼえま
しょう」と読み、もも、くり、かきの木
の絵を30秒間見せます。30秒経ったら
下敷きなどで木の絵を隠し、「もも、く
り、かきが　いくつずつ　あったか、そ
れぞれの　わくに　○を　かきましょ
う」で、下の解答欄の枠を指で示しま
しょう。

【解説】

　集中して見て絵を記憶するトレーニン
グです。記憶力の向上に役立ちます。

❹ フルーツ売り場までの道
(地図の記憶)

【問題】

　(115ページを見せないで、ゆっくり
お話を読みます)
　道をまっすぐ進みます。池のある分か
れ道で右に進み、しばらくして出てくる
階段を上ります。次の四つ角で左に曲が
るとお店につきます。フルーツ売り場に
○を付けましょう。

【読み方のコツ】

　左ページの問題文を読んでいる間は、
右ページを見せないで「集中して聞く」
ように促してください。問題文を読むと
きはできるだけゆっくりと、文節で区切
って読むようにしてください。

【解説】

　耳で聞いたことをイメージして答える
問題です。問題文を聞きながら頭のなか
で地図をイメージできればすばらしいで
すが、お子さんが問題を難しく感じてい

るようでしたら、右ページの絵を見せな
がら問題文を読んでもよいでしょう。

㊼ お客さまが買ったもの
(数の記憶)

問題

（117ページを見せないで、ゆっくり
お話を読みます）

❶　チョコロンさんは、チョコレート作
りに使うカカオを3袋買ったのよ。そ
れから大好物のりんごジュースを2本
買ったわ。チョコロンさんの買ったも
のはどれか、4つのなかから1つ選ん
で○を付けてね。

❷　ケーキ工場長のクーヘンさんは、
ケーキを飾るいちごを5箱と、ブルー
ベリー3皿、メロンを2個買ったわ。
クーヘンさんが買ったものはどれか、
2つのなかから1つ選んで○を付けて
ね。

読み方のコツ

左ページの問題文を読んでいるときは、
右ページの絵をお子さんに見せずに読ん
でください。❶の「（カカオ）3袋、（り
んごジュース）2本」、❷の「（いちご）
5箱、（ブルーベリー）3皿、（メロン）2
個」など、数のところははっきりと読み
ましょう。❶と❷は、続けて行わずに
1問ずつ区切って行うとよいでしょう。

解説　▢▢▢ 動画解説

耳から聞いた情報を覚えて答える問題
です。この問題では数をしっかり記憶し
ましょう。

㊽ チクタックンとバラキング
(記憶)

問題

（119ページを見せないで、ゆっくり
お話を読みます）

チクタックンとバラキングは、山で楽
しくスケートをしていました。▢▢▢
ちゃんがいなくなったことに気がつい
たバラキングは「▢▢▢ちゃんがいな
い！　一緒にトランプをして遊びたかっ
たのに!」と怒り始めました。チクタック
ンは困って言いました。「そうだ！　ケー
キ工場に遊びに行かない？　ケーキを綺
麗に切るお手伝いをしようよ。」それを
聞いたバラキングは「え！　ケーキを切
るの？　楽しそう！」とたちまち機嫌を
直しました。これでお話は終わりです。

❶　バラキングとチクタックンが山の上
でしていたことに使う道具はどれです
か。○を付けましょう。

❷　バラキングは▢▢▢ちゃんと何を
して遊びたかったのでしょうか。1つ
選んで○を付けましょう。

❸　このお話でバラキングはどんな気持
ちだったでしょうか。4つの枠のなか
から1つ選んで○を付けましょう。

読み方のコツ

右ページの絵を見せないでゆっくりと
お話を読みましょう。

解説

バラキングの気持ちを問う問題があり
ます。問題文を読むときに、バラキング
の感情を乗せて読むと、お子さんにも理

解しやすいでしょう。

㊾ お祭りの夜に
（記憶）

問題

　（121ページを見せないで、ゆっくりお話を読みます）

　お祭りの夜、□□□ちゃんはフルーツ農園でお絵かきをする夢を見ました。ケーキ工場の妖精は「私はいちごがたっぷりのったケーキをつくる係なの。」と言っていちごをかいています。カレー屋のルーさんは「カレーにりんごを入れると美味しいんだよね。」と言ってりんごを３つかきました。トマトマーナとコマツンナはレモンの木をかいていましたが、お絵かきよりも「夏は花火が楽しいのよ。」「冬はスキーが楽しいのよ。」と、おしゃべりばかりしていました。ドリアンヌはみんなの横で気持ちよくうたた寝しています。みんな仲良く、とても楽しそうでした。これでお話は終わりです。

❶　妖精はどんなケーキをつくる係ですか。○を付けましょう。

❷　ルーさんがかいたりんごの数だけ枠に○を書きましょう。

❸　トマトマーナとコマツンナは何の木をかきましたか。○を付けましょう。

❹　夢に出てこなかったのはだれですか。×を付けましょう。

読み方のコツ

　お話のなかに出てくる果物の名前や数（個数）は、少し強調して読むとよいでしょう。

解説

　お話の記憶のトレーニングは、頭の中でイメージを膨らませることが大切です。日頃から絵本の読み聞かせをたくさんしましょう。お子さんがお話を聞いて、頭の中に情景をイメージできるようになるとよいですね。

※いちごやメロンなどは「野菜」ですが、甘みがあり果物として売られていることも多いため、この本ではお子さんにも馴染み深い「果物」としています。